전면개정 제37회 공인중개사 시험대비 동영상강의 www.pmg.co.kr

박윤모
부동산공시법령

브랜드만족 **1위** 박문각

근거자료 별면표기

2026

심화 익힘장

박윤모 편저

박문각 공인중개사

박문각

공간정보의 구축 및 관리등에 관한 법령

토지의 조사 및 등록

❶ **국토교통부장관**은 모든 토지에 대하여 필지별로 소재, 지번, 지목, 면적, 경계 또는 좌표 등을 조사·측량하여 지적공부에 **등록하여야 한다.**

❷ 지적공부에 등록하는 지번, 지목, 면적, 경계 또는 좌표는 **토지의 이동**이 있을 때 **토지소유자**의 신청을 받아 **지적소관청**이 결정한다. 다만, **신청이 없으면** 지적소관청이 **직권**으로 조사하여 **결정**할 수 있다.

❸ 지적소관청은 토지의 이동현황을 **직권**으로 조사측량하여 토지의 지번·지목·면적·경계 또는 좌표를 **결정**하려는 때에는 **토지이동현황 조사계획**을 수립하여야 한다.
이 경우 토지이동현황 조사계획은 **시·군·구**별로 수립하되, 부득이한 사유가 있는 때에는 **읍·면·동**별로 수립할 수 있다.

> **보충 학습 | 직권등록 절차**
>
> ❶ 지적소관청은 토지이동현황 조사계획에 따라 토지의 이동현황을 조사한 때에는 **토지이동 조사부**에 토지의 이동현황을 적어야 한다.
> ❷ 지적소관청은 토지이동현황 조사 결과에 따라 토지의 지번·지목·면적·경계 또는 좌표를 결정한 때에는 이에 따라 **지적공부 정리**를 하여야 한다.

지번

01 설정방법

❶ 지번은 **지적소관청**이 **지번부여지역**별로 차례대로 부여한다.

❷ 지번은 **북서**에서 **남동**으로 순차적으로 부여하여야 한다.

❸ 지번은 아라비아 숫자로 표기하되, 임야대장 및 임야도에 등록하는 토지의 지번은 숫자 앞에 "**산**"자를 붙인다.

❹ 지적소관청은 **지번**을 **변경**할 필요가 있다고 인정하면 **시·도지사 또는 대도시시장의 승인**을 받아 지번을 새로 부여할 수 있다.

02　신규등록 · 등록전환지역

원칙　당해 지번부여지역 안의 **인접토지의 본번**에 **부번**을 붙여서 부여한다.

예외　다음의 경우에는 그 지번부여지역의 **최종 본번**의 다음 순번부터 **본번**으로 하여 순차적으로 지번을 부여할 수 있다.
① 대상 토지가 그 지번부여지역의 최종 지번의 토지에 **인접하여** 있는 경우
② 대상 토지가 이미 등록된 토지와 **멀리 떨어져** 있는 것이 불합리한 경우
③ 대상 토지가 **여러 필지로** 되어 있는 경우

03　분할지역

원칙　분할 후 필지 중 1필지의 지번은 **분할 전**의 **지번**으로 하고,
나머지 필지의 지번은 **본번의 최종 부번 다음** 순번으로 **부번**을 부여한다.

예외　주거 · 사무실 등의 건축물이 있는 필지에 대해서는
분할 전의 지번을 **우선**하여 부여하여야 한다.

04　합병지역

원칙　합병 대상 지번 중 선순위의 지번을 그 지번으로 하되, 본번으로 된 지번이 있는 때에는
본번 중 선순위의 지번을 합병 후의 지번으로 한다.

예외　**토지소유자**가 합병 전 필지에 주거 · 사무실 등의 건축물이 위치한 지번을 합병 후의 지번으로 **신청**하는 때에는 **그 지번**을 합병 후 지번으로 부여하여야 한다.

05　지적확정측량 실시지역 (도시개발사업지역)

원칙　종전 지번 중 **본번**으로 부여한다. 다만, 다음의 지번은 제외한다.
❶ 지적확정측량 실시지역의 종전 지번과 지적확정측량 실시지역 **밖**에 있는 **본번이 같은 지번**이 있을 때 그 지번
❷ 지적확정측량을 실시한 지역의 **경계에 걸쳐 있는 지번**

예외　부여할 수 있는 종전 지번의 수가 새로 부여할 지번의 수보다 적은 때에는
❶ **블록단위**로 하나의 본번을 부여한 후 필지별로 부번을 부여하거나,
❷ **최종 본번** 다음 순번부터 **본번**으로 하여 차례로 지번을 부여할 수 있다.

※ **축척변경, 지번변경, 행정구역** 개편에 따라 새로 지번을 부여할 때에는
　지적확정측량 실시지역의 지번부여방식을 준용한다.

지목

1	전	• **물을** 상시적으로 **이용하지 아니하고** 곡물 · 원예작물 · 약초 · 뽕나무 · 닥나무 · 묘목 · 관상수 등의 식물을 **재배**하는 토지
2	답	• **물을** 상시적으로 **이용하여** 벼 · 연 · 미나리 등의 식물을 **재배**하는 토지
3	유 지	• 연 · 왕골 등이 **자생**하는 **배수가 잘 되지 않는 토지** • 물을 저장하고 있는 **댐 · 저수지 · 소류지 · 호수 · 연못** 등의 토지
4	구 거	• 용수 또는 배수를 위하여 일정한 형태를 갖춘 **인공적인 수로** · 둑 • **자연의 유수**(流水)가 있거나 있을 것으로 예상되는 **소규모** 수로 부지
5	하 천	• **자연의 유수**(流水)가 있거나 있을 것으로 예상되는 토지
6	광천지	• 지하에서 온수 · 약수 · 석유류 등이 **용출**되는 용출구와 그 부지
7	양어장	• **육상**에 인공으로 조성된 수산생물의 번식 또는 양식을 위한 시설 부지
8	수도용지	• 물을 정수하여 공급하는 취**수** · 저**수** · 도**수** · 정**수** · 송**수** · 배**수**시설 부지
9	제 방	• 조수 · 모래 · 바람 등을 막기 위한 **방**조제 · **방**수제 · **방**사제 · **방**파제 부지
10	염 전	• 바닷물을 끌어들여 소금을 채취하기 위해 조성된 토지

> ※ **동력**을 이용하여 **소금**을 **제조**하는 공장시설물의 부지 ➡ **공장용지**

11	과수원	• 과수류를 집단적으로 재배하는 토지　　• 과수원에 접속된 **부속시설물 부지**
12	목장용지	• 가축을 사육하는 축사부지　　　　• 목장용지에 접속된 **부속시설물 부지**

> ※ 과수원 또는 목장용지에 접속된 **주거용 건축물 부지** ➡ **대**

13	임야	• **수림지 · 죽림지 · 암석지 · 자갈땅 · 모래땅 · 습지 · 황무지** 등의 토지
14	대	• **영구적 건축물**(주거, 사무실)부지 · **문화시설**(점포, 박물관, 극장 등)부지 • 「국토의 계획 및 이용에 관한 법률」 등에 따른 **택지조성공사가 준공된 토지**
15	공장용지	• 공장용지와 같은 구역 안에 있는 **의료시설 등 부속시설물 부지**
16	학교용지	• 학교의 교사와 이에 접속된 체육장 등 부속시설물의 부지
17	종교용지	• 종교의식을 하기 위한 **교회 · 사찰 · 향교** 등 건축물 부지

18	주차장	• 주차에 필요한 독립적 시설부지　　• 시설물부지 **인근**에 설치된 **부설주차장**
		※ **노상주차장 · 부설주차장** · 야외전시장 · 물류장 ➡ 주차장 ✕
19	주유소	• 석유 · 석유제품 등의 **판매**를 위한 부지　• 저유소 및 원유**저장**소의 부지
		※ **정비공장 안에 설치된** 급유 · 송유시설 부지 ➡ **공장용지**
20	창고용지	• 물건을 **보관** 또는 **저장**하기 위해 독립적으로 설치된 보관시설물 부지
21	도 로	• 보행 또는 차량운행에 이용되는 토지 및 「도로법」에 따른 도로 • **고속도로** 안의 **휴게소** 부지　　• 2필지 이상에 진입하는 **통로**
		※ 아파트 · 공장 등 단일 용도의 단지 안에 설치된 **통로** ➡ **도로** ✕
22	철도용지	• 교통 운수를 위해 일정한 **궤도** 등의 설비 · 형태를 갖추어 이용되는 토지
23	공원	• 「국토의 계획 및 이용에 관한 법률」에 따라 **공원 · 녹지**로 결정된 토지
24	묘 지	• 사람의 시체나 유골이 매장된 토지　　• **묘지공원** 및 **봉안시설** 부지
		※ 묘지 관리를 위한 건축물 부지 ➡ 대
25	체육용지	• 종합운동장 · 실내체육관 · 야구장 · 골프장 · 스키장 등 체육시설의 토지
		※ 체육시설로서 **영속성, 독립성이 미흡한** 골프연습장, 실내수영장 및 체육도장, 유수를 이용한 요트장 및 카누장 등의 **토지** ➡ **체육용지** ✕
26	유원지	• 위락 · 휴양에 적합한 시설물을 종합적으로 갖춘 수영장 · 유선장 · 낚시터 · 어린이놀이터 · 동물원 · 식물원 · 민속촌 · 경마장 · **야영장** 등의 토지
27	사적지	• 국가유산으로 지정된 유적 · 고적 · 기념물 등을 보존하기 위한 토지
		※ **학교용지 · 공원 · 종교용지** 등 다른 지목으로 된 토지 **안에 있는** 유적 · 고적 · 기념물 등을 보호하기 위하여 구획된 **토지** ➡ **사적지** ✕
28	잡종지	• **자동차** 시설 · **항만**시설 및 **공항**시설 부지 • **쓰레기**처리장 및 **오물**처리장, 갈대밭, 야외시장 • 돌을 **캐내는 곳**, 흙을 **파내는 곳**, 실외에 물건을 **쌓아두는 곳** • **변**전소, **수신소**, **송신소**, **송유시설**
		※ **원상회복을 조건으로** 돌을 캐거나 흙을 파내는 토지 ➡ 잡종지 ✕

01   지목의 부호

지 목	부 호	지 목	부 호
전	전	철도용지	철
답	답	제 방	제
과수원	과	하 천	천
목장용지	목	구 거	구
임 야	임	유 지	유
광천지	광	양어장	양
염 전	염	수도용지	수
대	대	공 원	공
공장용지	장	체육용지	체
학교용지	학	유원지	원
주차장	차	종교용지	종
주유소용지	주	사적지	사
창고용지	창	묘 지	묘
도 로	도	잡종지	잡

보충 학습 │ 지목의 설정원칙

❶ 하나의 필지에는 **하나의 지목**만을 표시하여야 한다.

❷ 종된 용도의 지목은 **주된 용도의 지목**으로 등록할 수 있다.

❸ **임시적**이고 **일시적**인 **용도의 변경**이 있는 경우에는 **지목변경을 할 수 없다**.

❹ 도시개발사업지역의 사업시행자가 원활한 사업추진을 위하여 **공사 준공 전**에 토지의 합병을 신청하는 경우, 사용목적에 따라 **미리 지목을 설정할 수 있다**.

경계

01 경계의 설정방법

분할에 따른 지상 경계는 지상건축물을 걸리게 결정해서는 아니 된다. **다만, 다음의 경우에는 그러하지 아니하다.**

❶ 법원의 **확정판결**에 따라 토지를 **분할**하는 경우

❷ **공공사업** 등에 따라 학교용지·도로·철도용지·제방·하천·구거·유지·수도용지 등의 지목으로 되는 토지를 **분할**하는 경우

❸ **도시개발사업**의 사업시행자가 사업지구의 경계를 결정하기 위해 토지를 분할하는 경우

❹ 지형도면 고시가 된 지역의 **도시·군관리계획선**에 따라 토지를 **분할**하는 경우

02 지상 경계의 결정

지상 경계의 결정기준은 다음의 구분에 따른다. 다만, 지상 경계의 구획을 형성하는 구조물 등의 소유자가 다른 경우에는 그 소유권에 따라 지상 경계를 결정한다.

❶ 연접되어 있는 토지 사이에 높낮이 차이가 없는 경우	구조물의 **중앙**
❷ 연접되어 있는 토지 사이에 높낮이 차이가 있는 경우	구조물의 **하단부**
❸ 토지가 해면(또는 수면)에 접하는 경우	**최대만조위**
❹ 도로·구거 등의 토지에 절토(땅깎기)된 부분이 있는 경우	경사면의 **상단부**
❺ 공유수면매립지의 토지 중 제방을 토지에 편입하여 등록하는 경우	**바깥쪽 어깨부분**

03 지상경계점등록부

❶ 토지의 지상 경계는 **둑, 담장**이나 그 밖에 구획의 목표가 될 만한 **구조물** 및 **경계점표지** 등으로 구분한다.

❷ **지적소관청**은 토지의 이동에 따라 지상 경계를 **새로 정한 경우**에는 **지상경계점등록부**를 작성·관리하여야 한다.

> **보충 학습** 지상경계점등록부의 등록사항
>
> ❶ 소재·**지번**·공부상 **지목**과 실제 이용**지목·면적**
>
> ❷ **경계점표지의 종류·경계점**의 위치·**경계점**의 위치 설명도·**경계점**의 사진파일 **경계점**의 좌표(경계점좌표등록부 시행지역에 한정함)

면적

01 면적의 등록단위

구 분	축 척	최소면적
지적도	1/500 1/600	0.1㎡
지적도	1/1000	1㎡
지적도	1/1200 1/2400	1㎡
지적도	1/3000 1/6000	1㎡
임야도	1/3000 1/6000	

02 면적의 결정방법

1/500, 600

※ 최소면적 ➡ 0.1㎡

$123.36㎡ \Rightarrow 123.4㎡$
$123.34㎡ \Rightarrow 123.3㎡$

$123.35㎡ \Rightarrow 123.4㎡$ (홀)
$123.45㎡ \Rightarrow 123.4㎡$ (짝)

$0.03㎡ \Rightarrow 0.1㎡$

$123.441㎡ \Rightarrow 123.4㎡$
$123.451㎡ \Rightarrow 123.5㎡$

03 면적측정 방법

지 역	축 척	측량방법	경계점좌표등록부	면적측정 방법
농·어촌지역	1/1000 1/1200 1/2400 1/3000 1/6000	평판측량	×	전자면적측정기
지적확정측량실시지역 (도시개발사업지역)	1/500 1/600	경위의측량	○	좌표면적계산법

04 면적측정 대상

면적측정을 하는 경우	❶ 지적공부의 복구　　❷ 토지의 신규등록 ❸ 등록전환　　❹ 분할 ❺ 축척변경　　❻ 면적 또는 경계의 정정
면적측정을 하지 않는 경우	❶ 합병　　❷ 지목변경 ❸ 지적공부의 재작성　　❹ 면적의 환산

지적공부의 등록사항 총정리

등록사항 총 정 리	대 장			도 면	경계점좌표 등록부
	토지대장 임야대장	공유지 연명부	대지권 등록부	지적도 임야도	
소재 · 지번	모두				
면적/이동사유 개별 공시지가					
소유권의 지분					
대지권 비율 / 건물 명칭					
소유자 표시	소대장				
색인도 / 제명 도곽선수치 / 경계 지적기준점 건축물 및 구조물					
지목					
도면번호					
고유번호					
부호(도) · 좌표					

보충 학습 지적기준점

구 분	지적기준점성과의 열람 · 발급신청
지적삼각점	시 · 도지사 또는 지적소관청
지적삼각보조점	지적소관청
지적도근점	지적소관청

보충 학습 경계점좌표등록부

❶ 경계점좌표등록부를 갖추어 두는 지역의 지적도에는
도면의 제명 끝에 '(좌표)'라고 표시하여야 한다.

❷ 경계점좌표등록부를 갖추어 두는 지역의 지적도에는
도곽선 오른쪽 아래 끝에 '이 도면으로 측량할 수 없음'이라고 기록해야 한다.

❸ 경계점좌표등록부를 갖추어 두는 지역의 지적도에는
'좌표에 의하여 계산된 경계점 간의 거리'를 등록하여야 한다.

지적공부의 보존·반출·공개

보존	❶ 지적소관청은 청사에 지적서고를 설치하고 그 곳에 지적공부를 **영구보존**하여야 한다. ❷ 카드로 된 토지대장·임야대장·공유지연명부·대지권등록부 및 경계점좌표등록부는 **100장 단위**로 바인더(binder)에 넣어 보관하여야 한다. ❸ 지적서고는 지적사무를 처리하는 사무실과 **연접**(連接)하여 설치하여야 한다.
반출	❶ **천재지변** 또는 이에 준하는 재난을 피하기 위하여 필요한 경우 ❷ 관할 시·도지사 또는 대도시 시장의 **승인**을 받은 경우
열람 발급	❶ 지적공부를 **열람**하거나 그 등본을 **발급**받으려는 자는 해당 **지적소관청**에 그 열람 또는 발급을 신청하여야 한다. ❷ 정보처리시스템을 통한 지적공부를 **열람**하거나 그 등본을 **발급**받는 경우에는 **특별자치시장, 시장·군수 또는 구청장**이나 **읍·면·동의 장**에게 신청할 수 있다.

지적공부의 복구

지적소관청은 지적공부가 멸실되거나 훼손된 경우에는 **지체 없이** 이를 복구하여야 한다.

01 토지의 표시사항 복구

토지의 표시에 관한 사항은 멸실·훼손 당시의 지적공부와 가장 부합된다고 인정되는 다음의 **관계 자료**에 따라 복구하여야 한다.

- 지적공부 등본
- 토지이동정리 결의서
- 멸실될 경우를 대비하여 복제한 지적공부
- 측량 결과도
- 등기사실을 증명하는 서류
- 법원의 확정판결서

❶ 지적측량수행**계획**서, 지적측량**의뢰**서, 지적측량**준비**도(✖)　　❷ 개별공지**지가**자료(✖)

02 소유자에 관한 사항 복구

소유자에 관한 사항은 **부동산등기부**나 **법원의 확정판결**에 따라 복구하여야 한다.

> **보충 학습** 복구측량
>
> 지적복구자료**조사서**의 면적과 **복구자료도**에 따라 측정한 면적 증감이 **허용범위**를 **초과**하거나 복구자료가 없는 때에는 **복구측량**을 하여야 한다.

부동산종합공부

토지의 표시
소유자

건축물의 표시
소유자

부동산의 **권리**

부동산의 **가격**

토지**이용** 및 **규제**

01 지적소관청은 '**불일치 등록사항**'에 대해서는 **등록사항을 관리하는 기관의 장**에게 그 내용을 **통지**하여 등록사항 **정정**을 요청할 수 있다.

02 부동산종합공부를 **열람**하거나 기록사항의 전부 또는 일부에 관한 증명서를 **발급**받으려는 자는 **지적소관청**이나 **읍·면·동의 장**에게 신청할 수 있다.

03 토지소유자는 부동산종합공부의 등록사항에 잘못이 있음을 발견하면 **지적소관청**에 그 **정정**을 신청할 수 있다.

지적전산자료와 연속지적도

01 지적전산자료를 이용하거나 활용하려는 자는 미리 **관계 중앙행정기관**의 **심사**를 거쳐 다음의 구분에 따라 **신청**하여야 한다.

❶ 전국 단위의 지적전산자료	국토교통부장관, 시·도지사 또는 지적소관청
❷ 시·도 단위의 지적전산자료	시·도지사 또는 지적소관청
❸ 시·군·구 단위의 지적전산자료	지적소관청

02 ❶ **중앙행정기관장, 지방자치단체장**이 신청하는 경우, ❷ **토지소유자** 또는 그 **상속인**이 자기 토지의 지적전산자료를 신청하는 경우에는 **심사를 받지 아니할 수 있다.**

보충 학습 · 연속지적도

❶ **국토교통부장관**은 연속지적도의 관리 및 정비에 관한 **정책**을 **수립·시행**해야 한다.

❷ **국토교통부장관**은 연속지적도를 체계적으로 관리하기 위하여 연속지적도 정보관리체계를 **구축·운영**할 수 있다.

❸ **국토교통부장관** 또는 **지적소관청**은 연속지적도의 관리·정비 및 연속지적도 정보관리체계의 구축·운영에 관한 **업무**를 법인, 단체 등에 **위탁**할 수 있다.

❹ **지적소관청**은 지적도·임야도에 등록된 사항에 대하여 토지의 이동 또는 **오류사항**을 **정비**한 때에는 이를 **연속지적도**에 **반영**하여야 한다.

토지이동의 대상토지 총정리

대상 토지	신청의무	종류
• 새로 조성된 토지, 지적공부에 등록되어 있지 아니한 토지	60일	신규등록
• 「산지관리법」에 따른 **산지**전용허가 · 신고, 산지일시사용허가 · 신고, 「건축법」에 따른 **건축**허가 · 신고 또는 그 밖의 관계 법령에 따른 **개발**행위 허가 등을 받은 경우 • 대부분의 토지가 등록전환되어 **나머지 토지**를 임야도에 계속 존치하는 것이 불합리한 경우 • 임야도에 등록된 토지가 **사실상 형질변경** 되었으나 지목변경을 할 수 없는 경우 • **도시 · 군관리계획선**에 따라 토지를 분할하는 경우	60일	등록전환
• 1필지의 **일부가 형질변경** 등으로 용도가 다르게 된 경우	60일	분할
• **소유권이전 · 매매** 등을 위하여 필요한 경우 • 토지이용상 **불합리한 지상 경계를 시정**하기 위한 경우	없음	
• 「주택법」에 따른 **공동주택부지**의 경우 • **도로**, 제방, 하천, **구거**, 유지, 공장용지, **학교용지**, 철도용지, **수도용지**, 공원, 체육용지 등의 토지로서 합병하여야 하는 경우	60일	합병
• 「국토의 계획 및 이용에 관한 법률」 등 관계 법령에 따른 토지의 **형질변경** 등의 공사가 준공된 경우 • 토지 또는 건축물의 **용도가 변경**된 경우 • 도시**개발**사업 등의 원활한 사업추진을 위하여 사업시행자가 **공사 준공 전**에 토지합병을 신청한 경우	60일	지목변경
• 지적공부에 등록된 토지가 지형의 변화 등으로 바다로 된 경우로서 원상(原狀)으로 회복될 수 없거나 다른 지목의 토지로 될 가능성이 없는 경우	90일	등록말소

신규등록

첨부 서류	❶ 법원의 **확정판결서** ❷ 「공유수면 관리 및 매립에 관한 법률」에 따른 **준공검사확인증** ❸ 도시계획구역 안의 토지를 지방자치단체의 명의로 등록하는 때에는 **재정경제부장관과 협의한 문서**의 사본 ❹ 그 밖에 관계법령에 따라 소유권이 증명되는 서류의 사본 ※ 등기사항증명서 · 등기필정보 · 등기완료통지서 (×)
등기촉탁	**신규등록**의 경우에는 관할 등기관서에 **등기촉탁**을 할 필요가 없다.

등록전환

허용범위 이내	임야대장의 면적과 등록전환될 면적의 차이가 **허용범위 이내**인 경우에는 ❶ **등록전환될 면적**을 등록전환면적으로 **결정**한다. ❷ 임야대장의 면적 또는 임야도의 경계는 **정정할 필요가 없다.**
허용범위 초과	임야대장의 면적과 등록전환될 면적의 차이가 **허용범위를 초과**하는 경우에는 ❶ **등록전환될 면적**을 등록전환면적으로 **결정**한다. ❷ 임야대장의 면적 또는 임야도의 경계를 지적소관청이 **직권 정정하여야 한다.**

합병

01　경계 · 좌표 · 면적의 결정방법

경계 좌표	합병 전 각 필지의 경계 또는 좌표 중 합병으로 필요 없게 된 부분을 **말소**하여 결정한다.
면적	합병 전 각 필지의 면적을 **합산**하여 결정한다.

02 합병의 제한요건

합병하려는 토지 간에 다음과 같은 제한요건 중 어느 하나에 해당하지 않아야 한다.

❶ 합병하려는 토지의 **지번부여지역**이 서로 다른 경우

❷ 합병하려는 토지의 **지목**이 서로 다른 경우

❸ 합병하려는 토지의 **소유자**가 서로 다른 경우

❹ 합병하려는 토지의 지적도 및 임야도의 **축척**이 서로 다른 경우

❺ 합병하려는 각 필지가 서로 **연접**하지 않은 경우

❻ 합병하려는 토지가 **등기된 토지**와 **미등기 토지**인 경우

❼ 합병하려는 토지에 다음의 **합병이 가능한 등기 외의 등기**가 있는 경우

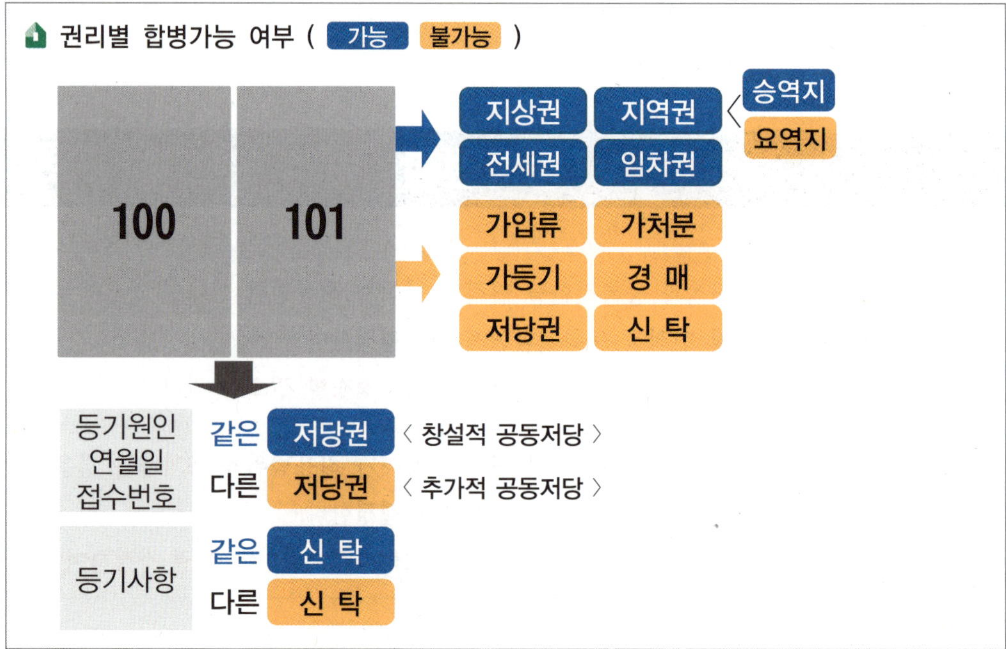

❽ 합병하려는 토지의 **소유자별 공유지분**이 서로 다른 경우

❾ 합병하려는 토지 소유자의 **주소**가 서로 다른 경우

> 다만, 지적소관청이 등기사항증명서, 주민등록표 초본 등을 확인한 결과 토지 소유자가 동일인임을 확인할 수 있는 경우에는 제외한다.

❿ 합병하려는 토지가 **구획정리, 경지정리 또는 축척변경을 시행하고 있는 지역의 토지와 그 지역 밖의 토지**인 경우

⓫ 합병하려는 필지의 지목은 같으나 일부 토지의 용도가 다르게 되어 **분할대상 토지**인 경우

> 다만, 합병신청과 동시에 분할신청을 하는 경우에는 합병신청을 할 수 있다.

바다로 된 토지의 등록말소

01 의 의

지적소관청은 지적공부에 등록된 토지가 지형의 변화 등으로 바다로 된 경우로서 원상(原狀)으로 회복될 수 없거나 다른 지목의 토지로 될 가능성이 없는 경우에는 지적공부에 등록된 **토지소유자**에게 지적공부의 등록말소 신청을 하도록 **통지**하여야 한다.

02 직권말소

토지 소유자는 지적소관청으로부터 등록말소 신청을 하도록 통지받은 날부터 **90일 이내**에 **신청**하여야 하나, 등록말소 신청을 하지 아니하는 때에는 지적소관청이 **직권**으로 그 지적공부의 등록사항을 말소하여야 한다.

03 회복등록

지적소관청은 이미 바다로 되어 등록말소된 토지가 지형의 변화 등으로 다시 토지가 된 경우에는 지적측량성과 및 등록말소 당시의 관계자료에 따라 **회복등록을 할 수 있다**.

04 통 지

지적소관청은 지적공부의 등록사항을 말소 또는 회복등록한 때에는 그 정리결과를 **토지소유자** 및 해당 **공유수면 관리청**에 **통지**하여야 한다.

등록사항의 정정

01 지적소관청의 직권정정(시행령 제82조)

지적소관청은 지적공부의 등록사항에 잘못이 있음을 발견하면 **직권**으로 **정정**할 수 있다.

직권정정 사유	❶ **지적측량성과**와 다르게 정리된 경우 ❷ **토지이동정리 결의서**의 내용과 다르게 정리된 경우
	❸ 지적공부의 **작성 또는 재작성** 당시 **잘못** 정리된 경우 ❹ 지적공부의 **등록사항**이 **잘못** 입력된 경우 ❺ **면적 환산**이 **잘못**된 경우 ❻ 도면에 등록된 필지가 **면적의 증감 없이** 경계의 위치만 **잘못**된 경우
	❼ 임야대장의 면적과 등록전환될 면적의 차이가 **허용범위를 초과**하는 경우 ❽ **지적위원회의 의결서 내용**에 따라 등록사항을 정정하여야 하는 경우
	❾ **토지합필등기신청의 각하**에 따른 등기관의 통지가 있는 경우(지적소관청의 착오로 **잘못** 합병한 경우에만 해당함)

02 토지소유자의 신청정정(법 제84조)

토지소유자는 지적공부의 등록사항에 잘못이 있음을 발견하면 지적소관청에 그 **정정을 신청**할 수 있다.

토지 표시 (경계 · 면적)	❶ 토지소유자가 지적공부의 등록사항 정정을 신청할 때, 경계 또는 면적의 변경을 가져오는 경우에는 정정 신청서에 **등록사항 정정 측량성과도**를 함께 지적소관청에 제출하여야 한다. ❷ 토지소유자가 등록사항의 정정을 신청함에 있어 그 정정으로 인접 토지의 경계가 변경되는 경우에는 **인접 토지소유자의 승낙서** 또는 이에 대항할 수 있는 **확정판결서**를 지적소관청에 제출하여야 한다.
소유자 표시 (성명 · 주소)	❶ **등기된 토지**의 정정사항이 토지소유자에 관한 사항인 경우에는 **등기필증, 등기완료 통지서, 등기사항증명서** 등에 따라 정정하여야 한다. ❷ **미등기 토지**에 대하여 토지소유자의 성명, 주소 등에 관한 사항의 정정을 신청한 경우에는 **가족관계 기록사항에 관한 증명서**에 따라 정정하여야 한다.

축척변경

01 절차

동 의	지적소관청은 **토지소유자 2/3 이상**의 동의를 얻어야 한다.
의 결	지적소관청은 축척변경위원회의 의결을 거쳐야 한다.
승 인	지적소관청은 **시·도지사 또는 대도시 시장의 승인**을 받아야 한다.
시행공고	지적소관청은 승인을 얻은 때에는 지체 없이 **20일** 이상 공고하여야 한다.
경계표시	**시행공고가 있는 날부터 30일** 이내에 경계점표지를 설치하여야 한다.
시 행	지적공부상 면적과 측량 후 면적을 비교하여 표시한 **지번별 조서**를 작성해야 한다.
청산금	축척변경위원회의 의결을 거쳐 제곱미터(m^2)당 금액을 결정하여야 한다. 청산금이 결정되었다는 뜻을 **15일** 이상 공고하여 열람할 수 있게 한다. ❶ 공고일로부터 **20일** 이내에 **납부고지(6개월)** 및 **수령통지(6개월)**를 하여야 한다. ❷ 청산금에 관한 이의신청은 **1개월** 이내에 **지적소관청**에 **이의신청**을 할 수 있다. ❸ 이의신청을 받은 **지적소관청**은 **1개월** 이내에 축척변경위원회의 **심의·의결**을 거쳐 그 내용을 이의신청인에게 **통지**하여야 한다.
확정공고	**청산금의 납부 및 지급이 완료된 때**에는 지체 없이 축척변경의 **확정공고**를 하여야 한다. 이 경우 **확정공고일**에 **토지의 이동**이 있는 것으로 본다.

02 축척변경위원회

구 성	❶ **위원**은 해당 축척변경 시행지역의 토지소유자로서 지역 사정에 정통한 사람 중에서 **지적소관청**이 위촉하고, **위원장**은 위원 중에서 **지적소관청**이 지명한다. ❷ **5명 이상 10명 이내**의 위원으로 구성하되, 위원의 **2분의 1 이상**을 토지소유자로 하여야 한다. 이 경우 **토지소유자가 5명 이하**일 때에는 **토지소유자 전원**을 위원으로 위촉하여야 한다.
회 의	❶ **회의 5일** 전까지 위원에게 서면통지 ❷ 재적위원 **과반수** 출석 ❸ 출석위원 **과반수** 찬성
심의 의결 사항	❶ 지번별 제곱미터당 **금액**의 결정 ❷ **청산금**의 산정에 관한 사항 ❸ **청산금**의 이의신청에 관한 사항 ❹ 그 밖에 축척변경 시행계획에 관한 사항

사업시행자의 토지이동신청 및 사업완료신고

사업 시행자	❶ 다음과 같은 사업의 토지이동은 **사업시행자**가 **지적소관청**에 **신청**하여야 한다. • 「도시개발법」에 따른 **도시개발**사업 • 그 밖에 대통령령으로 정하는 **토지개발**사업 • 「농어촌정비법」에 따른 **농어촌정비**사업 ❷ **사업시행자**는 그 사업의 착수·변경 또는 완료 사실을 **15일** 이내에 **지적소관청**에 **신고**하여야 한다. ❸ **환지를 수반하는 경우**에는 사업완료**신고**로 토지이동**신청**에 갈음할 수 있다. ❹ **토지의 소유자**가 해당 토지의 이동을 **원하는 경우**에는 해당 **사업의 시행자**에게 그 토지의 이동을 신청하도록 **요청**하여야 한다. ❺ 주택건설사업의 시행자가 **파산** 등의 이유로 토지의 이동신청을 할 수 없는 때에는 ㉠ 주택시공을 보증한 자 또는 ㉡ 입주예정자 등이 신청할 수 있다.
제3자	❶ 학교용지·도로·철도용지 등의 지목으로 되는 토지인 경우에는 **사업시행자** ❷ 국가 등이 취득하는 토지인 경우에는 **행정기관의 장 또는 지방자치단체장** ❸ 「집합건물의 소유 및 관리에 관한 법률」에 따른 **관리인** 또는 **사업시행자** ❹ 「민법」 제404조에 따른 **채권자**

> **보충 학습** | **토지이동의 시기**
>
> 도시개발사업 등으로 인한 토지의 이동은 토지의 형질변경 등의 **공사가 준공된 때** 그 이동이 이루어진 것으로 본다.

토지소유자 정리방법

원칙	**지적공부**에 등록된 토지**소유자**의 변경사항은 **등기완료통지서, 등기필증, 등기사항증명서**에 따라 정리한다. 다만, **신규등록**하는 토지의 소유자는 **지적소관청**이 **직접 조사**하여 등록한다.
불부합 통지	등기부에 적혀 있는 토지의 표시가 지적공부와 일치하지 아니하면 등기사항증명서 등에 따라 토지소유자를 **정리할 수 없다.** 이 경우 토지의 표시가 지적공부와 일치하지 않는다는 사실을 관할 등기관서에 **통지**하여야 한다.

지적측량의 종류 및 절차

❶ 기초측량	**지적기준점**을 정하는 경우	
❷ 지적확정측량	도시**개발**사업 등의 시행지역에서 토지의 이동이 있는 경우	
❸ 지적복구측량	지적공부를 **복구**하는 경우	
❹ 신규등록측량	토지를 **신규등록**하는 경우	
❺ 등록전환측량	토지를 **등록전환**하는 경우	
❻ 분할측량	토지를 **분할**하는 경우	※ **합병측량** ×
❼ 등록말소측량	바다가 된 토지의 **등록말소**를 하는 경우	
❽ 등록사항정정측량	지적공부의 **등록사항정정**을 하는 경우	
❾ 축척변경측량	**축척변경**을 하는 경우	
❿ 경계복원측량	**경계**점을 지상에 **복원**하는 경우	
⓫ 지적현황측량	지상건축물 등의 **현황**을 지적도에 등록된 경계와 대비하여 표시하는 경우	※ **검사측량** ×
⓬ 지적재조사측량	**지적재조사사업**(**국토교통부장관**)에 따라 토지의 이동이 있는 경우	
⓭ 검사측량	**검사권자**(**시·도지사 또는 지적소관청**)가 지적측량성과를 **검사**하는 경우	※ **측량의뢰** ×

숫자 총정리

◆ 축척변경 절차

01 지적소관청은 축척변경을 하려면 축척변경 시행지역의 토지소유자 **3분의 2 이상의** **동의**를 받아 **축척변경위원회의 의결**을 거친 후 **시·도지사 또는 대도시 시장의 승인**을 받아야 한다.

02 지적소관청은 시·도지사 또는 대도시 시장으로부터 축척변경 **승인**을 받았을 때에는 지체 없이 **20일 이상 공고**하여야 한다.

03 축척변경 시행지역의 토지소유자 또는 점유자는 시행공고일로부터 **30일 이내**에 시행공고일 현재 점유하고 있는 경계에 **경계점표지를 설치**하여야 한다.

04 지적소관청은 청산금을 산정하였을 때에는 청산금 조서를 작성하고, 청산금이 결정되었다는 뜻을 **15일 이상 공고**하여 일반인이 열람할 수 있게 하여야 한다.

05 지적소관청은 청산금의 결정을 공고한 날부터 **20일 이내**에 토지소유자에게 청산금의 **납부고지 또는 수령통지**를 하여야 한다.

06 납부고지를 받은 자는 그 고지를 받은 날부터 **6개월 이내**에 청산금을 지적소관청에 **내야 한다.**

07 지적소관청은 수령통지를 한 날부터 **6개월 이내**에 청산금을 **지급하여야 한다.**

08 납부고지되거나 수령통지된 청산금에 관하여 이의가 있는 자는 납부고지 또는 수령통지를 받은 날부터 **1개월 이내**에 지적소관청에 **이의신청**을 할 수 있다.

09 이의신청을 받은 지적소관청은 **1개월 이내**에 축척변경위원회의 **심의·의결**을 거쳐 그 인용(認容) 여부를 결정한 후 지체 없이 그 내용을 이의신청인에게 통지하여야 한다.

10 축척변경위원회는 **5명 이상 10명 이하**의 위원으로 구성하되, 위원의 **2분의 1 이상**을 토지소유자로 하여야 한다. 이 경우 그 축척변경시행지역의 토지소유자가 **5명 이하**일 때에는 토지소유자 **전원**을 위원으로 위촉하여야 한다.

11 위원장은 축척변경위원회의 회의를 소집할 때에는 회의일시·장소 및 심의안건을 회의 개최 **5일** 전까지 각 위원에게 서면으로 **통지**하여야 한다.

12 축척변경위원회의 회의는 위원장을 포함한 재적위원 **과반수의 출석**으로 개의(開議)하고, 출석위원 **과반수의 찬성**으로 의결한다.

◆ 토지이동의 신청의무

01 신규등록·등록전환·분할·합병·지목변경 – 60일 이내

02 바다로 된 토지의 등록말소 – 90일 이내

◆ 도시개발사업 등의 착수·변경 및 완료 신고

「도시개발법」에 따른 도시개발사업, 「농어촌정비법」에 따른 농어촌정비사업, 그 밖에 대통령령으로 정하는 토지개발사업의 시행자는 15일 **이내**에 그 사업의 착수·변경 및 완료 사실을 **지적소관청**에 신고하여야 한다.

◆ 지적정리의 통지

지적소관청이 토지소유자에게 지적정리 등을 통지하여야 하는 시기는 다음과 같다.

01 토지의 표시에 관한 변경등기가 필요한 경우는
등기완료통지서를 접수한 날부터 15일 **이내**

02 토지의 표시에 관한 변경등기가 필요하지 아니한 경우는
지적공부에 등록한 날부터 7일 **이내**

◆ 지적측량 절차

01 지적측량의 **측량기간**은 5일로 하며, **측량검사기간**은 4일로 한다.

02 지적기준점을 설치하는 경우 지적기준점이 15점 **이하**인 경우에는 4일을, 15점을 초과하는 경우에는 4일에 15점을 초과하는 4점마다 1일을 가산한다.

03 측량의뢰인과 측량수행자가 서로 합의하여 따로 기간을 정하는 경우에는 그 기간에 따르되, 전체 기간의 4분의 3은 **측량기간**으로, 전체 기간의 4분의 1은 **검사기간**으로 본다.

지적기준점 개수	1점~15점	16점, 17점, 18점, 19점	20점, 21점, 22점, 23점
측량기간 (5일)	5일 + 4일	5일 + 4일 + 1일	5일 + 4일 + 1일 + 1일
	총 9일	총 10일	총 11일
검사기간 (4일)	4일 + 4일	4일 + 4일 + 1일	4일 + 4일 + 1일 + 1일
	총 8일	총 9일	총 10일

◆ 지적측량 적부심사 절차

01 지적측량 적부심사 청구를 받은 시·도지사는 **30일 이내**에 지방지적위원회에 회부하여야 한다.

02 지적측량 적부심사 청구를 회부받은 지방지적위원회는 그 심사청구를 회부받은 날부터 **60일 이내에 심의·의결**하여야 한다. 다만, **부득이한 경우에는** 그 심의기간을 해당 지적위원회의 의결을 거쳐 **30일 이내**에서 **한 번만 연장**할 수 있다.

03 지방지적위원회는 지적측량 적부심사를 의결하였으면 **지체 없이** 의결서를 작성하여 **시·도지사에게 송부**하여야 한다.

04 시·도지사는 의결서를 받은 날부터 **7일 이내**에 지적측량 **적부심사 청구인** 및 **이해관계인**에게 그 의결서를 **통지**하여야 한다.

05 지방지적위원회의 의결에 불복하는 경우에는 그 의결서를 받은 날부터 **90일 이내**에 국토교통부장관을 거쳐 중앙지적위원회에 **재심사를 청구**할 수 있다.

06 중앙지적위원회는 위원장 1명과 부위원장 1명을 포함하여 **5명 이상 10명 이하**의 위원으로 구성한다.

07 중앙지적위원회의 회의는 재적위원 **과반수의 출석**으로 개의하고, 출석위원 **과반수의 찬성**으로 의결한다.

08 중앙지적위원회의 회의를 소집할 때에는 회의 일시·장소 및 심의 안건을 회의 **5일 전**까지 각 위원에게 서면으로 **통지**하여야 한다.

구 분	중앙지적위원회(영 제20조)	축척변경위원회(영 제79조)
구 성	• **5명 이상 10명 이하**의 위원	
회 의	• 소집 ➡ 회의 **5일** 전까지 위원에게 서면통지 • 개의 ➡ 재적위원 **과반수** 출석 • 의결 ➡ 출석위원 **과반수** 찬성	
심의·의결	❶ 지적측량적부의 **재심사** ❷ 지적 관련 정책 **개발** 및 업무 **개선** ❸ 지적측량기술의 연구·**개발** 및 **보급** ❹ 지적기술자의 **양성**에 관한 사항 ❺ 지적기술자의 **업무정지** 및 **징계요구**	❶ 지번별 제곱미터당 **금액**의 결정 ❷ **청산금**의 산정에 관한 사항 ❸ **청산금**의 이의신청에 관한 사항 ❹ 축척변경 시행계획에 관한 사항

부동산등기법

등기의 당사자 능력

등기신청적격이 있는 경우	등기신청적격이 없는 경우
❶ 자연인, 법인, 외국인	❶ 태아
❷ 법인 아닌 사단·재단 (종중·아파트 입주자대표회의)	
❸ 학교법인	❸ 학교(국립·공립·사립)
❹ 특별법상 조합(농협, 축협, 수협)	❹ 민법상 조합
❺ 지방자치단체(시·도 / 시·군·구)	❺ 읍·면·동·리

보충 학습 판례 및 예규

❶ **법인 아닌 사단·재단**의 경우, **법인 아닌 사단·재단 명의**로 대표자가 등기를 신청한다.

❷ **민법상 조합**의 경우에는 **조합원 전원 명의**로 합유등기를 신청하여야 한다.

❸ **동·리**명의로 법인 아닌 사단을 설립한 경우에는 **동·리 명의**로 대표자가 등기를 신청한다.

공동신청

등기의 종류	원 인	등기의무자	등기권리자
소유권이전등기	매매	매도인	매수인
	유증	유언집행자·상속인	수증자
	상속 (합병)	×	상속인(존속회사)
	토지수용	×	사업시행자
저당권설정등기	설정계약	저당권설정자	저당권자
저당권변경등기	채권액 증액	저당권설정자	저당권자
	채권액 감액	저당권자	저당권설정자
저당권이전등기	양도계약	양도인	양수인
저당권말소등기	피담보채권 소멸	저당권자	저당권설정자

단독신청

판결에 의한 등기	❶ 등기절차의 **이행**을 명하는 **판결**에 의한 등기는 **승소한** 등기권리자 또는 **등기의무자**가 단독으로 신청한다(법 제23조). ❷ **공유물을 분할하는 판결**에 의한 등기는 **등기권리자** 또는 **등기의무자**가 단독으로 신청한다. ❸ **승소한 등기권리자**는 등기필정보를 등기소에 **제공할 필요가 없다**. **승소한 등기의무자**는 등기필정보를 등기소에 **제공하여야 한다**. ❹ 소유권이전의 이행을 명하는 확정판결을 받았다면 그 **확정시기에 관계없이** 등기를 신청할 수 있다. ❺ 판결에 의한 등기를 신청하는 경우에는 **확정증명서를 첨부하여야 한다**.
말소등기	❶ 등기명의인의 **사망** 또는 법인의 **해산**으로 그 권리가 소멸하였을 때에는, 등기권리자는 말소등기를 단독으로 신청할 수 있다. ❷ 등기권리자가 등기의무자의 **소재불명**으로 인하여 말소등기를 공동신청할 수 없을 때에는 **제권판결**을 받아 단독으로 신청할 수 있다. ❸ **혼동**으로 권리가 소멸한 경우에는, 말소등기를 단독으로 신청할 수 있다.

소·보존	등기권리자가 단독으로 신청할 수 있다.
소·이전	❶ **토지수용**에 의한 **소유권이전등기**는 사업시행자가 단독신청한다. ❷ **상속(합병)**에 의한 **소유권이전등기**는 상속인이 단독신청한다.
신탁등기	**신탁등기**는 수탁자가 단독신청한다.
변경등기	❶ **부동산변경등기(건물 증축·일부멸실, 토지의 분필·합필)**는 소유권의 등기명의인이 **1개월** 이내에 단독신청하여야 한다. ❷ **등기명의인표시변경등기**는 등기권리자가 단독신청한다.
멸실등기	❶ 부동산이 **멸실**한 경우 그 소유명의인은 **1개월** 이내에 신청하여야 한다. ❷ **존재하지 않는 건물**의 경우 **지체 없이** 신청하여야 한다.
가등기	**신청** • 가등기권리자는 **가등기의무자의 승낙**을 받아 단독신청할 수 있다. • 가등기권리자는 **법원의 가처분명령**을 받아 단독신청할 수 있다. **말소** • 가등기명의인은 단독으로 가등기의 말소를 신청할 수 있다. • 가등기의무자 또는 이해관계 있는 제3자는 **가등기명의인의 승낙**을 받아 단독으로 가등기의 말소를 신청할 수 있다.

대위신청

포괄 승계인	❶ **甲**이 **乙**에게 부동산을 매도하였으나 소유권이전등기를 하기 전에 매도인 **甲**이 **사망**하여 그 지위를 **丙**이 상속한 경우에는, 상속등기를 거치지 않고 **甲**에서 **乙**로 직접 **소유권이전등기**를 하여야 한다. ❷ 매도인 **甲**과 매매계약을 체결한 **매수인 乙**이 **사망**하여 **丙**이 그 지위를 상속한 경우에는 **甲**으로부터 **丙**에게 직접 **소유권이전등기**를 하여야 한다.
채권자	❶ **甲, 乙, 丙** 순으로 매매가 이루어졌으나 등기명의인이 **甲**인 경우 최종매수인 **丙**은 **乙**을 대위하여 **소유권이전등기**를 신청할 수 있다. 　㉠ 채권자가 대위등기를 신청하는 경우에는 **대위원인을 증명하는 정보**를 첨부하여야 한다. 　㉡ 채권자 대위에 의한 등기가 마쳐진 경우에는 **채권자** 및 **채무자**에게 **등기완료통지**를 하여야 한다. ❷ **甲**이 미등기부동산을 **乙**에게 매도하였음에도 **甲** 앞으로의 소유권보존등기신청을 게을리 하는 때에는 **乙**이 甲명의로 **소유권보존등기**를 대위신청할 수 있다. ❸ 저당권설정자가 사망한 경우, 그의 상속인이 **상속을 포기할 수 있는 기간이라도** 당해 부동산의 저당권자(채권자)는 상속인 명의의 **상속등기**를 대위신청 할 수 있다.
위탁자 또는 수익자	❶ **신탁등기**는 수탁자가 **단독**으로 **신청**한다. ❷ **신탁등기**는 위탁자 또는 수익자가 수탁자를 **대위**하여 **신청**할 수 있다.
대지 소유자	건물이 멸실된 경우, **소유권의 등기명의인**이 1개월 이내에 멸실등기를 신청하지 아니한 때에는 **대지의 소유자**가 대위하여 **멸실등기**를 신청할 수 있다.
구분건물 소유자	1동의 건물에 속하는 구분건물 중 일부만에 관하여 소유권보존등기를 신청하는 경우에는 나머지 구분건물의 **표시에 관한 등기**를 동시에 대위하여 신청할 수 있다.

보충 학습 **판례 및 예규**

❶ 가등기의무자가 사망한 경우 그 상속인은 **상속등기를 신청할 필요 없이** 가등기권리자와 공동으로 본등기를 신청할 수 있다..

❷ 가등기권리자가 사망한 경우 그 상속인은 **상속등기를 신청할 필요 없이** 직접 상속인 명의의 본등기를 신청할 수 있다

신청정보

01 일괄신청

공동 저당권	동일한 채권에 관하여 **여러 개의 부동산에 관한 공동저당권**의 설정 · 이전 · 변경 · 말소등기의 신청(소유자가 다른 경우 포함)
신탁	**신탁등기**와 해당 부동산에 관한 **권리의 설정, 보존, 이전** 또는 **변경등기**의 신청

02 공동소유

공 유	2인 이상의 등기권리자가 하나의 부동산을 공유하고자 하는 경우에는 신청정보에 **지분을 기록하여야 한다.**
합 유	합유등기의 경우에는 합유자의 지분을 등기기록에 표시하지 아니하므로 신청정보에 **지분을 기록할 필요가 없다.**

> **보충 학습 합유등기 총정리**
>
> ❶ **민법상 조합**의 경우, 조합원 전원의 **합유등기**를 하여야 한다.
> ❷ 합유등기를 하는 경우, 신청정보에 **합유자의 지분비율**을 기록하지 않는다.
> ❸ 합유자 중 1인이 다른 합유자 전원의 동의를 얻어 합유지분을 **처분**하는 경우, **합유명의인변경**등기를 신청하여야 한다.
> ❹ 2인의 합유자 중 1인이 **사망**한 경우, 잔존 합유자는 그의 단독 소유로 **합유명의인변경**등기를 신청할 수 있다.
> ❺ 부동산의 **합유지분**에 대한 가압류(가처분)등기는 할 수 없다.

03 등기필정보의 제공 여부

등기의무자의 등기필정보를 제공하는 경우	등기의무자의 등기필정보를 제공하지 않는 경우
❶ 공동신청 (소 · 이전등기 - 매매 · 유증)	❶ 단독신청 (소 · 이전등기 - 상속 · 수용)
❷ 승소한 등기의무자가 판결에 의하여 단독신청하는 경우	❷ 승소한 등기권리자가 판결에 의하여 단독신청하는 경우

첨부정보

01 토지거래허가정보 · 농지취득자격증명정보

소유권이전등기	계약(매매 · 증여 · 교환)	토지수용 · 진정명의회복 · 상속 · 유증
토지거래허가정보	(○)	(×)
농지취득자격증명	(○)	(×)

02 도면 · 주소증명정보

첨부정보	등기소에 제공하는 경우
도면	용익권설정의 범위가 **부동산의 일부**인 경우에는 그 부분을 표시한 **도면**을 첨부정보로서 등기소에 제공하여야 한다.
주소증명정보	**소유권이전등기(매매)**를 신청하는 경우에는 **등기의무자**와 **등기권리자**의 **주소증명정보**를 모두 등기소에 제공하여야 한다.

전자신청

전자신청을 할 수 있는 자	❶ 사용자등록을 한 **자연인(외국인 포함)과 법인**은 전자신청을 **할 수 있다.** 다만, **법인 아닌 사단 또는 재단**은 전자신청을 **할 수 없다.** ❷ **자격자대리인**은 다른 사람을 대리하여 전자신청을 **할 수 있다.** 다만, 자격자대리인이 아닌 자는 전자신청을 **대리할 수 없다.**
사용자등록	❶ 등기소에 직접 출석하여 미리 사용자등록을 하여야 한다. 다만, **자격자대리인에게 전자신청을 위임한 당사자는 사용자등록을 할 필요가 없다.** ❷ 사용자등록신청은 **관할의 제한이 없다.** ❸ 신청인은 **인감증명** 및 **주소증명서면**을 첨부하여야 한다. ❹ 사용자등록의 유효기간은 **3년**으로 한다. 다만, **자격자대리인 외의 자**의 경우에는 그 **기간을 단축할 수 있다.** ❺ 사용자등록의 유효기간 만료일 **3개월 전부터 만료일**까지는 그 유효기간의 **연장**을 신청할 수 있다.

등기필정보의 작성·통지

01 등기관이 **새로운 권리에 관한 등기를 마쳤을 때**에는 등기필정보를 작성하여 등기권리자에게 통지하여야 한다.

구 분	등기필정보를 작성 · 통지하지 않는 경우
신청하지 않은 경우	❶ **등기관**이 직권으로 소유권보존등기를 한 경우
	❷ **채권자**가 등기권리자를 대위하여 등기신청을 한 경우
	❸ **승소한 등기의무자**가 등기권리자 명의로 등기신청을 한 경우
	❹ 공유자 중 **일부**가 공유자 **전원**을 등기권리자로 하는 등기를 신청한 경우 ※ 공유자 중 **일부**가 공유자 **전원**을 등기권리자로 하는 등기를 신청한 경우, 공유자 **전원**에게 등기필정보를 통지하여야 한다. (×)
촉탁한 경우	**국가** 또는 **지방자치단체**가 등기권리자인 경우
원하지 않은 경우	❶ 등기권리자가 등기필정보의 통지를 **원하지 아니하는 경우**
	❷ 등기를 마친 때부터 **3개월** 이내에 **수령하지 않은 경우**

02 등기관이 등기를 마친 경우 그 등기는 **접수한 때**(**전산정보처리조직에 저장된 때**)**부터** 효력을 발생한다.

이의신청

관 할	❶ 이의가 있는 자는 **관할 지방법원**에 **이의신청**을 할 수 있다.
	❷ 이의신청은 결정 또는 처분을 한 등기관이 속한 **등기소**에 **이의신청서를 제출**하거나 전산정보처리조직을 이용하여 **이의신청정보를 보내는 방법**으로 한다.
금 지	❶ **새로운 사실**이나 **새로운 증거방법**을 근거로 이의신청을 **할 수 없다**.
	❷ **상속인이 아닌 자**는 상속등기가 위법하다 하여 이의신청을 **할 수 없다**.
절 차	등기관은 이의가 이유 없다고 인정하면, **3일 이내**에 의견을 붙여 관할 **지방법원**에 보내고 이해관계 있는 자에게 알려야 한다.
기 간	이의신청기간에는 **제한이 없으므로** 이의의 이익이 있는 한 언제라도 할 수 있다.
효 력	이의에는 **집행정지의 효력이 없다**(법 제104조).

소유권보존등기

01 소유권보존등기의 개시유형

단독신청	미등기부동산의 **소유권을 원시취득한 자**는 소유권보존등기를 신청할 수 있다.
단독신청	❶ 공용부분으로 정한 규약을 폐지한 경우에 **공용부분 취득자**는 지체 없이 소유권보존등기를 신청하여야 한다. ❷ 공용부분 취득자 명의로 소유권보존등기를 하였을 경우, **등기관은 공용부분이라는 뜻의 등기를 말소**하는 표시를 하여야 한다.
대위신청	甲이 미등기부동산을 乙에게 매도한 후 자기 앞으로의 소유권보존등기를 게을리하는 때에는 乙이 甲의 소유권보존등기신청권을 대위할 수 있다.
직권	❶ 미등기부동산에 대하여 **법원**이 처분제한등기(**가압류·가처분·경매개시결정등기**) 또는 **주택임차권등기**를 **촉탁**한 경우, 등기관은 **직권**으로 **소유권보존등기**를 하여야 한다. ❷ 등기관이 직권으로 소유권보존등기를 마친 경우에는 등기명의인에게 **등기완료통지서**(**등기필정보** ×)를 작성하여 통지하여야 한다.

02 소유권보존등기의 신청정보

❶ 소유권보존등기를 신청하는 경우에는 **등기원인과 그 연월일**은 신청정보의 내용으로 등기소에 **제공할 필요가 없다.**

❷ 소유권보존등기를 신청하는 경우, **등기의무자의 등기필정보**를 **제공하지 않는다.**

❸ 소유권보존등기를 신청하는 경우에는 **주소증명정보**를 등기소에 **제공하여야 한다.**

보충 학습 법 제29조 제2호 (신청할 수 있는 경우 / 신청할 수 없는 경우)

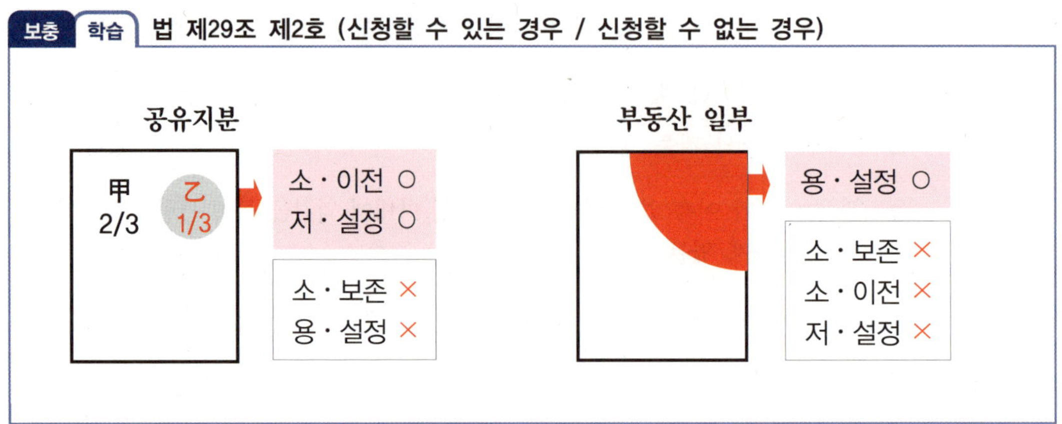

03　소유권보존등기를 신청할 수 있는 자

❶ 대장에 최초 소유자로 등록되어 있는 자 또는 포괄승계인은 소유권보존등기를 신청할 수 있다.

• 대장에 **최초의 소유자**로 등록된 자	○
• 대장에 **최초의 소유자**로 등록된 자로부터 **이전등록을 받은 자**	✕
• 토지의 지적공부에 '**국**'으로부터 **이전등록을 받은 자**	○
• **상속인**	○
• **포괄적 유증**을 받은 자	○
• **특정적 유증**을 받은 자	✕

❷ 판결에 의하여 자기의 소유권을 증명하는 자는 소유권보존등기를 신청할 수 있다.

- 소유권을 증명하는 **판결**은 등기신청인에게 소유권이 있음을 증명하는 것이면 충분하고, **그 종류에 관하여 아무런 제한이 없다.**

- 토지대장의 소유자를 특정할 수 없는 경우에는 **국가**를 상대로 한 판결을 받아야 보존등 기를 신청할 수 있다.

- 건축물대장의 소유자를 특정할 수 없는 경우에는 **시장·군수·구청장**을 상대로 한 판결 을 받아야 한다.

❸ 수용으로 인하여 소유권을 취득하였음을 증명하는 자(협의성립확인서)는 소유권보존등기를 신청할 수 있다.

❹ **특별자치도지사, 시장, 군수 또는 구청장**의 확인에 의하여 소유권을 증명하는 자(사실확인서) 는 **건물**의 소유권보존등기를 신청할 수 있다.

특별자치도지사, 시장, 군수 또는 구청장의 확인에 의하여 자기의 소유권을 증명 하는 자는 **건물**의 소유권보존등기를 신청할 수 있다.	○
특별자치도지사, 시장, 군수 또는 구청장의 확인에 의하여 자기의 소유권을 증명 하는 자는 **토지**의 소유권보존등기를 신청할 수 있다.	✕

소유권이전등기

01 소유권이전등기 (매매)

이전	❶ 매매계약을 한 경우에는 **잔금을 지급한 날부터** 60일 이내에 소유권이전등기를 신청할 것 ❷ 증여계약을 한 경우에는 **증여계약의 효력이 발생한 날부터** 60일 이내에 소유권이전등기를 신청할 것
보존	❶ 소유권보존등기를 신청할 수 있음에도 이를 하지 아니한 채 계약을 체결한 경우에는 그 **계약을 체결한 날부터** 60일 이내에 소유권보존등기를 신청할 것 ❷ 계약을 체결한 후에 소유권보존등기를 신청할 수 있게 된 경우에는 **소유권보존등기를 신청할 수 있게 된 날부터** 60일 이내에 소유권보존등기를 신청할 것

02 소유권이전등기 (환매특약부 매매)

신청방법	❶ 소유권이전등기와 환매특약등기는 **동시에 신청**하여야 한다. ❷ 소유권이전등기와 환매특약등기는 **별개의 신청정보**(일괄신청 ×)로 신청하여야 한다. ❸ 소유권이전등기를 **신청한 후에** 환매특약의 등기를 신청하면 법 제29조 제2호 (사건이 등기할 것이 아닌 경우)에 해당하여 이를 **각하**하여야 한다.
신청인	❶ 환매특약등기는 **매도인**과 **매수인**이 **공동신청**하여야 한다. ❷ 매도인이 아닌 **제3자**를 **환매권자**로 하는 환매특약등기는 **할 수 없다.**
신청정보 내용	**매매대금** 및 **매매비용**은 필요적 기록사항이지만, **환매기간**은 등기원인에 그 사항이 정하여져 있는 경우에만 기록한다.
등기형식	환매특약등기는 매수인의 소유권이전등기에 **부기등기**로 하여야 한다.
말소등기	❶ 환매권을 행사하여 **권리취득등기**(소유권이전등기)를 하는 경우, **환매특약등기**는 등기관이 **직권말소**하여야 한다. ❷ 환매권을 행사하지 못하는 경우, **환매특약등기**는 매도인과 매수인이 **공동신청**하여 말소하여야 한다.

03 소유권이전등기 (토지수용)

신청인	사업시행자가 소유권이전등기를 **단독**으로 **신청**하여야 하며, 관공서가 사업시행자인 경우에는 그 관공서가 **단독**으로 **촉탁**하여야 한다.
등기원인	등기원인은 '**토지수용**'으로, 등기원인일자는 '**수용개시일**'로 기록한다.
첨부정보	❶ 등기원인을 증명하기 위하여 **협의성립확인서** 또는 재결서를 등기소에 제공하여야 한다. ❷ **토지거래허가정보, 농지취득자격증명**은 등기소에 제공할 필요가 없다.
직권말소 ✕	❶ 그 부동산을 위하여 존재하는 **지역권**의 등기 ❷ 토지수용위원회의 **재결**로써 존속이 인정된 권리의 등기 ❸ 수용개시일 **이전**에 마쳐진 **소유권이전등기** ❹ 수용개시일 **이후**에 마쳐진 **상속등기** 　(단, 수용개시일 이전에 상속이 개시되었을 것)
재결실효	**재결실효**에 따른 소유권이전등기의 **말소등기**는 **공동신청**하여야 한다.

04 소유권이전등기 (진정명의회복)

신청정보 내용	진정명의회복을 원인으로 한 소유권이전등기신청정보에는 등기원인을 '**진정명의회복**'으로 기록하고, '**등기원인일자**'는 기록하지 아니한다.
첨부정보	❶ 진정명의회복을 원인으로 한 소유권이전등기를 신청하는 경우 **토지거래허가정보·농지취득자격증명**을 **첨부할 필요가 없다**. ❷ 진정명의회복을 원인으로 한 소유권이전등기를 신청하는 경우 등기원인을 증명하는 정보에 **검인**을 **받을 필요가 없다**.

> **보충 학습** 말소등기신청의 허용여부
>
> 진정명의회복을 원인으로 하는 소유권이전소송에서 승소한 자가 그 판결에 기하여 **말소등기**를 신청하는 것은 **허용되지 아니한다**(등기선례 제7-226호).

05　소유권이전등기 (상속)

신청인	❶ 상속으로 인한 등기는 등기권리자만으로 이를 **단독신청**할 수 있다. ❷ 공동상속인 중 1인은 **자기 지분**만에 관하여 상속등기를 신청할 수 **없다**. ❸ 공동상속인 중 1인은 **전원 명의**의 상속등기를 신청할 수 **있다**. ❹ **상속을 포기할 수 있는 기간이라도** 채권자는 상속등기를 **대위신청**할 수 있다.
등기원인	등기원인은 '**상속**'으로, 등기원인일자는 '**상속개시일**'을 기록한다.
첨부정보	❶ **상속재산분할협의서**에는 상속인 전원의 **인감증명**을 첨부하여야 한다. ❷ **토지거래허가정보·농지취득자격증명**는 등기소에 제공할 필요가 없다.

06　소유권이전등기 (유증)

등기된 부동산	❶ 유증으로 인한 소유권이전등기는 **등기의무자**(유언집행자 또는 상속인)와 **등기권리자**(수증자)가 **공동신청**하여야 한다. ❷ 유증으로 인한 소유권이전등기는 **상속등기를 거치지 않고** 유증자로부터 수증자 명의로 **직접** 등기를 신청하여야 한다. ❸ 등기원인은 '**유증**'으로, 등기원인일자는 '**유증자가 사망한 날**'을 기록한다. 다만, 조건이 붙은 경우에는 '**조건이 성취된 날**'을, 기한이 붙은 경우에는 '**기한이 도래한 날**'을 기록하여야 한다.
미등기 부동산	❶ 미등기부동산에 대하여 **포괄유증을 받은 자**는 자신 앞으로 직접 **소유권보존등기**를 신청할 수 **있다**. ❷ 미등기부동산에 대하여 **특정유증을 받은 자**는 상속인 또는 유언집행자 명의로 먼저 **소유권보존등기**를 한 후에 특정유증을 받은 자 앞으로 **소유권이전등기**를 신청하여야 한다.
유류분	유증으로 인한 소유권이전등기 신청이 일부 상속인의 **유류분**을 **침해**하는 내용이라 하더라도 등기관은 이를 **수리하여야 한다**.
가등기	유언자가 **생존** 중인 경우에는 **가등기**를 신청할 수 **없다**.

보충 학습 ┃ 등기소의 관할

다음의 경우에는 **관할 등기소가 아닌 등기소**도 그 등기사무를 담당할 수 있다.
❶ **상속** 또는 **유증**으로 인한 **소유권이전등기**를 신청하는 경우
❷ **상속등기를 마친 후 경정등기를 신청하는 경우**

07 소유권이전등기 (신탁)

❶ 신청방법

단독신청	❶ 신탁재산에 속하는 부동산의 **신탁등기**는 수탁자가 **단독신청**한다. ❷ **신탁등기**의 **말소등기**는 수탁자가 **단독신청**한다.
동시신청 (일괄신청)	**신탁등기**는 해당 부동산에 관한 권리의 설정, 보존, 이전 또는 변경등기와 **일괄신청하여야 한다**.
대위신청	수익자나 위탁자는 수탁자를 **대위**하여 신탁등기를 신청할 수 있다. 다만, 이 경우에는 권리의 설정, 보존, 이전 또는 변경등기와 **일괄신청하지 아니한다**.

❷ 공동소유의 형태

합 유	수탁자가 여러 명인 경우에는 신탁재산이 **합유**인 뜻을 기록하여야 한다.

❸ 등기실행방식

하나의 순위번호	등기관이 권리의 이전 또는 보존이나 설정등기와 함께 신탁등기 또는 신탁등기의 변경등기를 할 때에는 **하나의 순위번호**를 사용하여야 한다.
전부처분	신탁재산이 전부 처분된 경우에는 소유권이전등기와 함께 신탁등기의 **말소등기**를 하여야 한다.
고유재산	신탁재산이 수탁자의 고유재산이 되었을 때에는 소유권이전등기와 함께 신탁등기의 **말소등기**를 하여야 한다.
일부처분	신탁재산이 일부 처분된 경우에는 소유권이전등기와 함께 신탁등기의 **변경등기**를 하여야 한다.
해임	위탁자와 수익자가 수탁자를 해임하여 임무가 종료된 경우, 신수탁자는 단독으로 신탁재산인 부동산에 관한 **권리이전등기**를 신청할 수 있다.

보충 **학습** **주의사항에 관한 등기**

❶ 신탁재산이 소유권인 경우 등기관은 신탁재산에 속하는 부동산의 거래에 관한 **주의사항**을 신탁등기에 **부기등기**로 기록하여야 한다.

❷ 등기관이 신탁등기의 말소등기를 할 때에는 **주의사항의 부기등기**를 **직권**으로 **말소**하여야 한다.

소유권외의 권리에 관한 등기

🔔 신청정보의 필요적 기록사항 총정리

등기의 종류	필요적 기록사항		
환매특약등기	• 매매대금　• 매매비용		
지상권등기	목 적	범 위	
지역권등기			• 요역지의 표시
전세권등기	전세금 돈		
임차권등기	차 임		
저당권등기	채권액 채무자		
근저당권설정등기			• 근저당권이라는 뜻
공동저당의 대위등기			• 매각 **부동산** • 매각**대금** • 선순위 저당권자가 변제받은 **금액**

01　지상권등기

❶ 토지의 **일부**에 지상권을 설정하는 경우에는 그 부분을 표시한 **도면**을 첨부정보로 등기소에 제공하여야 한다.

❷ **공유토지**에 지상권을 설정하는 경우에는 **공유자 전원**이 **등기의무자**가 된다.

❸ 그 지상권의 행사를 위하여 토지소유자의 사용권을 제한하는 **특약을 하는 경우에는** 그 특약을 **기록하여야 한다.**

❹ 지료 및 지료의 지급시기에 관한 **약정이 있으면** 신청정보에 이를 **기록하여야 한다.**

❺ 상하의 범위가 중복되지 않는 한, **2개 이상의 구분지상권**도 그 토지의 등기기록에 각각 등기할 수 있다.

❻ **구분지상권설정등기**는 토지의 **상하 범위**를 **구체적으로 기록**하여야 한다.

02　지역권등기

❶ 지역권설정등기는 **지역권설정자**(승역지 소유자)가 **등기의무자**, **지역권자**(요역지 소유자)가 **등기권리자**가 되어 승역지 등기기록에 공동신청하여야 한다.

승역지	•**승역지** 등기기록 ⇨ **공동신청** •1필지의 **일부**에도 설정 가능
요역지	•**요역지** 등기기록 ⇨ **직권** •1필지의 **전부**에만 설정 가능

❷ 등기관이 승역지에 지역권설정등기를 하고, **다른 부동산에 대하여 등기를 하여야 하는 경우**에는 그 부동산의 **관할 등기소가 다른 때에도 해당 등기를 할 수 있다.**

❸ 요역지에 관한 지역권은 소유권에 부종하는 권리이므로, 소유권이 이전되는 경우에는 별도의 **등기 없이도** 당연히 매수인에게 이전된다.

03　전세권등기

❶ 건물전세권이 **법정갱신된 이후** 전세권을 **이전**하거나 전세권을 목적으로 **저당권**을 **설정**하기 위해서는 먼저 존속기간에 대한 **변경등기**를 하여야 한다.

❷ 전세권의 **존속기간의 시작일**이 **등기신청접수일자** 이전이라 하더라도 등기관은 전세권설정 등기신청을 수리하여야 한다.

> **보충 학습 │ 전세권이전등기**
>
> ❶ 전세권의 이전등기는 전세권양도인이 등기의무자가 되고 전세권양수인이 등기권리자가 되어 공동신청한다. 전세권 이전등기는 **부기등기**로 하여야 한다.
>
> ❷ 전세권의 존속기간의 만료 등으로 **전세권이 소멸한 경우** 그 전세권은 전세금을 반환받는 범위 내에서 유효하고 **전세금반환채권의 전부** 또는 **일부**를 **양도할 수 있다.**
>
> ❸ 전세금반환채권의 일부양도를 원인으로 한 전세권 일부이전등기를 할 때에는 **양도액**을 신청정보의 내용으로 등기소에 제공하여야 한다.
>
> ❹ **전세권 일부이전등기의 신청**은 전세권의 **존속기간의 만료 전에는 할 수 없다.**

04　임차권등기

❶ **등기명령**에 따른 주택임차권등기가 마쳐진 경우, 그리고 **존속기간이 만료**된 경우에는 그 등기에 기초한 **임차권이전등기**나 **임차물전대등기**를 **할 수 없다.**

❷ **미등기부동산**에 대하여 **법원**이 소유권의 **처분제한등기**(가압류·가처분·경매) 또는 등기명령에 따른 **주택임차권등기**를 **촉탁**한 경우, 등기관은 **직권**으로 **소유권보존등기**를 하여야 한다.

05 지상권등기

❶ 근저당권설정등기를 신청하는 경우에는 **채권최고액·채무자** 외에 **근저당권설정계약이라는 뜻**을 신청정보에 기록한다.

❷ 근저당권설정등기를 신청하는 경우 채권자가 여러 명인 때에도 채권최고액은 **단일하게** 기록하여야 하며, 채권자별로 **구분하여** 기록해서는 안 된다(예규 제1656호).

❸ 등기관은 동일한 채권에 관하여 **5개** 이상의 부동산에 관한 권리를 목적으로 하는 저당권설정등기를 할 때에는 **공동담보목록**을 작성하여야 한다(법 제78조).
(**5개 이상**의 부동산에 관한 권리를 목적으로 하는 전세권설정등기 — **공동전세목록**)

❹ 일정한 금액을 목적으로 하지 않는 채권을 담보하기 위한 저당권설정등기를 신청하는 경우, 그 **채권의 평가액**을 신청정보의 내용으로 등기소에 제공하여야 한다.

❺ 저당권이전등기를 신청하는 경우에는 **저당권이 채권과 함께 이전한다는 뜻**을 신청정보의 내용으로 등기소에 제공하여야 한다.

보충 학습 | 공동저당

1. **신청 및 실행 방법**

   ❶ 공동저당설정등기 신청정보에는 **각 부동산에 관한 권리의 표시**를 기록하여 등기소에 제공하여야 한다.

   ❷ 등기관이 공동저당의 설정등기를 하는 경우, 각 부동산의 등기기록 중 해당 등기의 끝부분에 **공동담보라는 뜻**을 기록하여야 한다.

2. **공동저당의 대위등기**(민법 제368조 제2항)

   등기관이 공동저당의 대위등기를 할 때에는 채권액과 채무자 외에 다음의 사항을 기록하여야 한다.
   ❶ 매각 **부동산** ❷ 매각**대금** ❸ 선순위 저당권자가 변제받은 **금액**

등기상 이해관계 있는 제3자 총정리

변 경	**변경등기**에 관한 이해관계 있는 **제3자의 승낙을 받은 경우**에는 **부기등기**로 하여야 하고, **받지 못한 경우**에는 **주등기**로 해야 한다.
	변경등기에 관한 등기상 이해관계 있는 제3자가 있는 경우에는 **그 제3자의 승낙을 받아야 한다.** (×)
기 타	**말소(직권경정ㆍ말소회복)등기**에 관한 이해관계 있는 제3자가 있는 경우에는 **그 제3자의 승낙을 받아야 한다.** (○)

보충 **학습** 기출연습

❶ 권리의 **변경등기**를 할 때 등기상 이해관계 있는 제3자가 있으면, 그 제3자의 승낙을 얻어야 한다. (×)

❷ 권리의 **변경등기**는 등기상 이해관계가 있는 제3자의 승낙이 없는 경우에도 부기로 등기할 수 있다. (×)

❸ 乙명의의 전세권등기와 그 전세권에 대한 丙명의의 가압류가 순차로 마쳐진 甲소유 부동산에 대하여 乙명의의 전세권등기를 말소하라는 판결을 받았다고 하더라도 그 판결에 의하여 전세권**말소등기**를 신청할 때에는 丙의 승낙서 또는 丙에게 대항할 수 있는 재판의 등본을 첨부해야 한다. (○)

❹ 권리의 **변경등기**는 그 등기로 등기상 이해관계 있는 제3자의 권리가 침해되는 경우, 그 제3자의 승낙 또는 이에 대항할 수 있는 재판이 있음을 증명하는 정보의 제공이 없으면 부기등기로 할 수 없다. (○)

❺ **말소등기**를 신청하는 경우, 그 말소에 대하여 등기상 이해관계 있는 제3자가 있으면 그 제3자의 승낙이 필요하다. (○)

❻ **말소**된 등기의 **회복**을 신청하는 경우, 등기상 이해관계 있는 제3자가 있을 때에는 그 제3자의 승낙이 필요하다. (○)

❼ 저당권의 목적이 된 소유권의 **말소등기**에 있어서는 이해관계인인 저당권자의 동의가 필요하다. (○)

경정등기

01 등기사항의 착오나 빠진 부분이 등기관의 잘못으로 인한 것임을 발견한 경우에는 **지체 없이** 그 등기를 직권으로 경정하여야 한다.

02 등기관이 직권으로 경정등기를 하였을 때에는 그 사실을 등기권리자, 등기의무자 또는 등기명의인에게 알려야 한다. 다만, 등기권리자, 등기의무자 등이 각 **2인 이상**인 경우에는 그 중 **1인**에게 **통지**하면 된다.

03 **권리의 종류, 주체, 객체를 잘못 적은 등기**는 경정등기를 할 수 없고, **말소등기**를 하여야 한다.

보충 학습 | 변경 · 경정 · 말소등기의 비교

❶ 경정등기
등기가 마쳐지기 전에 발생한 **원시적 일부 불일치**를 시정하는 등기

❷ 변경등기
등기가 마쳐진 후에 발생한 **후발적 일부 불일치**를 시정하는 등기

❸ 말소등기
원시적 또는 후발적 사유로 등기사항 **전부**가 **불일치**하게 된 경우에 그 등기 전부를 소멸시킬 목적으로 하는 등기

말소등기

01 말소등기는 등기사항의 **전부가 부적법**(불일치)할 것을 요건으로 한다.

02 **말소등기의 말소등기**는 허용되지 아니한다.

03 농지를 목적으로 하는 **전세권설정등기**가 마쳐진 경우, 등기관은 **직권**으로 **말소**할 수 있다.

04 甲이 자신의 부동산에 설정해 준 乙명의의 저당권등기를 **말소**하는 경우,
등기의무자는 (乙)이고, **등기권리자**는 (甲)이다.

05 甲소유 부동산에 설정된 乙명의의 저당권을 丙에게 **이전**하는 등기를 하는 경우,
등기의무자는 (乙)이고, **등기권리자**는 (丙)이다.

06 甲소유 부동산에 설정된 乙명의의 저당권을 丙에게 이전한 후, 그 저당권을 **말소**하는 경우,
등기의무자는 (丙)이고, **등기권리자**는 (甲)이다.

07 甲소유 부동산에 대하여 乙명의의 근저당권설정등기, 丙명의의 소유권이전등기가 순차적으로 마쳐진 후에 乙명의의 근저당권을 **말소**하고자 하는 경우,
등기의무자는 (乙)이고, **등기권리자**는 (甲) 또는 (丙)이다.

08 부동산이 甲 ➡ 乙 ➡ 丙 순으로 매도되었으나 등기명의가 甲에게 남아 있어 丙이 乙을 대위하여 **소유권이전등기**를 신청하는 경우, **등기의무자**는 (甲)이고, **등기권리자**는 (乙)이다.

09 甲 ➡ 乙 ➡ 丙 순으로 소유권이전등기가 이루어졌으나 乙 명의의 등기가 원인무효임을 이유로 甲이 丙을 상대로 丙명의의 등기를 **말소**하라는 확정판결을 얻은 경우, 그 판결에 따른 등기에 있어서 **등기의무자**는 (丙)이고, **등기권리자**는 (乙)이다.

10 채무자 甲에서 乙로 소유권이전등기가 이루어졌으나 甲의 채권자 丙이 사해행위임을 이유로 그 소유권이전등기의 **말소**를 명하는 판결을 받은 경우, 그 판결에 따른 등기에 있어서 **등기의무자**는 (乙)이고, **등기권리자**는 (甲)이다.

보충 **학습** 말소등기에 관한 이해관계 있는 제3자의 정리(대판 94다58988)

말소등기에 관한 이해관계 있는 **제3자의 승낙**을 얻은 경우, 그 **제3자 명의의 등기**는 등기관이 **직권**으로 **말소**하여야 한다.

부기등기

변경등기

부동산변경등기	
1	서울시 1층
2	**부동산변경 2층**

권리의 변경등기 〈 승낙 ○〉	
1	저 · 설정 甲 1억
2	전 · 설정 乙 1억
1-1	**저 · 변경** 甲 **2억**

등기명의인표시변경	
1	소 · 보존 甲
1-1	**등기명의인표시변경** 甲

권리의 변경등기 〈 승낙 ×〉	
1	저 · 설정 甲 1억
2	전 · 설정 乙 1억
3	**저 · 변경** 甲 **2억**

소유권 ➡ 주등기

1	소 · 보존 甲
2	**소 · 이전** 乙
3	**가압류(가처분)** 丁

1	**전 · 설정** 丙
2	**저 · 설정** 丙
3	**임 · 설정** 丙

소유권외 권리 ➡ 부기등기

1	전 · 설정 乙
1-1	**전 · 이전** 丙

1	전 · 설정 乙
1-1	**가압류(가처분)** 丙

1	전 · 설정 乙
1-1	**전전세** 丙

1	전 · 설정 乙
1-1	**저 · 설정** 丙

회복등기

일부말소회복등기	
1	전 · 설정 乙 1억
1-1	전 · 변경 2억
1-2	**전 · 회복** 乙 **1억**

전부말소회복등기	
1	전 · 설정 乙 1억
2	전 · 말소 丙
3	**전 · 회복** 乙 **1억**

가등기 특약(약정)

가등기상의 권리 이전등기	
1	소 · 보존 甲
2	소 · 이전청구권가등기 乙
2-1	**가등기상의권리 이전** 丙

특약(약정)등기	
1	소 · 보존 甲
2	소 · 이전 乙
2-1	**환매특약** 甲

가등기

01 가등기의 신청 및 말소방법

신청 방법	공 동	가등기의무자와 가등기권리자가 **공동신청**하는 것이 원칙이다.
	단 독	❶ **가등기권리자**는 가등기의무자의 **승낙**을 받아 단독신청을 할 수 있다. ❷ **가등기권리자**는 부동산의 소재지 관할 법원의 **가등기가처분명령**을 받아 단독신청을 할 수 있다.
말소 방법	공 동	가등기의무자와 가등기권리자가 **공동신청**하는 것이 원칙이다.
	단 독	❶ 소유권에 관한 **가등기명의인**은 가등기의 말소를 단독신청할 수 있다. ❷ **가등기의무자** 또는 **이해관계 있는 제3자**는 가등기명의인의 **승낙**을 받아 가등기의 말소를 단독신청할 수 있다.

02 가등기 가능여부

가등기가 가능한 경우	가등기가 불가능한 경우
❶ 채권적 청구권	❶ 물권적 청구권
❷ 시기부 · 정지조건부 (사인증여)	❷ 종기부 · 해제조건부
❸ 소유권이전등기	❸ 소유권보존등기
❹ 유언자가 **사망한 경우**, 소유권이전청구권보전의 가등기	❹ 유언자가 **생존 중인 경우**, 소유권이전청구권보전의 가등기

> **보충 학습** 주요 판례 및 예규 정리
>
> ❶ 甲소유 토지에 대해 乙에게 소유권이전청구권 보전을 위한 가등기를 해준 뒤 丙에게 소유권이전등기를 했더라도 가등기에 기한 본등기는 **甲**에게 청구해야 한다.
>
> ❷ 여러 사람의 가등기권리자 중 **1인**이 **자기 지분**만에 관한 본등기는 신청할 수 **있다**. 그러나, 1인이 **전원 명의**의 본등기는 신청할 수 **없다**.
>
> ❸ **가등기의무자**가 **사망**한 경우에는 그 상속인은 **상속등기를 신청할 필요 없이** 가등기권리자와 공동으로 본등기를 신청할 수 있다.
>
> ❹ **가등기권리자**가 **사망**한 경우에도 그 상속인은 가등기상의 권리의 **상속등기를 신청할 필요 없이** 곧바로 상속인 명의의 본등기를 신청할 수 있다.

03 가등기에 의한 본등기 - 직권말소 여부 ❶

소유권이전청구권보전의 가등기에 의한 본등기

❶ 소유권이전청구권보전의 가등기에 의한 **소유권**이전의 본등기를 한 경우
가등기 **후** 본등기 전에 마쳐진 **짧은 등기**(**소유권**, **저당권**, **용익권**, **가압류(가처분)등기**)는
직권말소한다.

❷ 소유권이전청구권보전의 가등기에 의한 **소유권**이전의 본등기를 한 경우
가등기 **후** 본등기 전에 마쳐진 **가등기상의 권리를 목적으로 한 가압류(가처분)등기**는
직권말소할 수 없다.

❸ 소유권이전청구권보전의 가등기에 의한 **소유권**이전의 본등기를 한 경우
가등기 **후** 본등기 전에 마쳐진 **가등기권자에게 대항할 수 있는 주택임차권등기**는
직권말소할 수 없다.

04 가등기에 의한 본등기 - 직권말소 여부 ❷

소유권외 권리의 설정청구권보전의 가등기에 의한 본등기

❶ **용익권**설정청구권보전의 가등기에 의한 용익권설정의 본등기를 한 경우,
가등기 **후** 본등기 전에 가등기와 동일한 부분에 마쳐진 **용익권**등기는 **직권말소한다.**

❷ **용익권**설정청구권보전의 가등기에 의한 용익권설정의 본등기를 한 경우,
가등기 **후** 본등기 전에 마쳐진 **저당권**설정등기는 **직권말소할 수 없다.**

❸ **용익권**설정청구권보전의 가등기에 의한 용익권설정의 본등기를 한 경우,
가등기 **후** 본등기 전에 마쳐친 제3자 명의의 **소유권**이전등기는 **직권말소할 수 없다.**

❹ **용익권**설정청구권보전의 가등기에 의한 용익권설정의 본등기를 한 경우,
가등기 **후** 본등기 전에 마쳐진 **처분제한등기(가압류·가처분)**는 **직권말소할 수 없다.**

❺ **저당권**설정청구권보전의 가등기에 의한 저당권설정의 본등기를 한 경우,
가등기 **후** 본등기 전에 마쳐친 제3자 명의의 **저당권**설정등기를 **직권말소할 수 없다.**

❻ **저당권**설정청구권보전의 가등기에 의한 저당권설정의 본등기를 한 경우,
가등기 **후** 본등기 전에 마쳐친 제3자 명의의 **소유권**이전등기는 **직권말소할 수 없다.**

❼ **저당권**설정청구권보전의 가등기에 의한 저당권설정의 본등기를 한 경우,
가등기 **후** 본등기 전에 마쳐진 **처분제한등기(가압류·가처분)**는 **직권말소할 수 없다.**

기출

01. 가등기에 관한 설명으로 틀린 것은? 제31회

① 가등기권리자는 가등기의무자의 승낙이 있는 경우에 단독으로 가등기를 신청할 수 있다.
② 가등기명의인은 단독으로 가등기의 말소를 신청할 수 있다.
③ 가등기의무자는 가등기명의인의 승낙을 받아 단독으로 가등기의 말소를 신청할 수 있다.
④ 부동산소유권이전의 청구권이 정지조건부인 경우에 그 청구권을 보전하기 위해 가등기를 할 수 있다.
⑤ 가등기를 명하는 가처분명령은 가등기권리자의 주소지를 관할하는 지방법원이 할 수 있다.

해설 ⑤ **부동산의 소재지를 관할하는 지방법원**이 하여야 한다.

02. 가등기에 관한 설명으로 틀린 것은? 제25회

① 가등기 후 본등기의 신청이 있는 경우, 가등기의 순위번호를 사용하여 본등기를 하여야 한다.
② 소유권이전등기청구권보전 가등기에 의한 본등기를 한 경우, 등기관은 그 가등기 후 본등기 전에 마친 등기 전부를 직권말소한다.
③ 임차권설정등기청구권보전 가등기에 의한 본등기를 마친 경우, 등기관은 가등기 후 본등기 전에 가등기와 동일한 부분에 마친 부동산용익권등기를 직권말소한다.
④ 저당권설정등기청구권보전 가등기에 의한 본등기를 한 경우, 등기관은 가등기 후 본등기 전에 마친 제3자 명의의 부동산용익권등기를 직권말소할 수 없다.
⑤ 가등기명의인은 단독으로 그 가등기의 말소를 신청할 수 있다.

해설 ② 등기관은 가등기 후 본등기 전에 마쳐진 등기 전부를 직권말소하는 것은 아니다.

03. X토지에 관하여 A등기청구권보전을 위한 가등기 이후, B─C의 순서로 각 등기가 적법하게 마쳐졌다. B등기가 직권말소의 대상인 것은? (A, B, C등기는 X를 목적으로 함) 제35회

	A	B	C
①	전세권설정 ─	가압류등기	─ 전세권설정본등기
②	임차권설정 ─	저당권설정등기 ─	임차권설정본등기
③	저당권설정 ─	소유권이전등기 ─	저당권설정본등기
④	소유권설정 ─	저당권설정등기 ─	소유권설정본등기
⑤	지상권설정 ─	가압류등기	─ 지상권설정본등기

해설 ④ 소유권이전청구권가등기에 의한 소유권이전의 본등기를 하는 경우 저당권설정등기는 등기관이 직권으로 말소하여야 한다.

Answer **01.** ⑤ **02.** ② **03.** ④

각하사유

제29조	각하사유	실행된 경우
제1호	**사건이 그 등기소의 관할에 속하지 아니한 경우**	**당연무효** (**직권말소**)
제2호	사건이 등기할 것이 아닌 경우	
제3호	신청할 **권한이 없는 자가** 신청한 경우	실체관계에 부합하면 **유효**
제4호	방문신청규정에 따라 등기를 신청할 때에 당사자나 그 대리인이 **출석하지 아니한 경우**	
제5호	신청정보의 제공이 대법원규칙으로 정한 **방식에 맞지 아니한 경우**	
제6호	신청정보의 부동산 또는 등기의 목적인 권리의 표시가 등기기록과 **일치하지 아니한 경우**	
제7호	신청정보의 등기의무자 표시가 등기기록과 **일치하지 아니한 경우**	
제8호	신청정보와 등기원인을 증명하는 정보가 **일치하지 아니한 경우**	
제9호	등기에 필요한 첨부정보를 **제공하지 아니한 경우**	
제10호	취득세, 등록면허세 또는 수수료를 내지 아니하거나 등기신청과 관련하여 다른 법률에 따라 부과된 의무를 **이행하지 아니한 경우**	
제11호	신청정보 또는 등기기록의 부동산의 표시가 토지대장·임야대장 또는 건축물대장과 **일치하지 아니한 경우**	

보충 학습 │ 보정과 취하

※ **보정**

❶ 등기관은 **구두, 전화, 모사전송(FAX), 전자우편** 등의 방식으로 보정통지할 수 있다.
❷ 전자신청의 보정은 **전산정보처리조직**을 이용해서 하여야 한다.

※ **취하**

❶ 등기신청이 취하되면 등기신청서와 부속서류 모두를 신청인에게 **환부**하여야 한다.
❷ 전자신청의 취하는 **전산정보처리조직**을 이용해서 하여야 한다.

사건이 등기할 것이 아닌 경우(법 제29조 제2호)

능력 · 근거	• **능력 없는** 권리에 대한 등기를 신청한 경우 • **근거 없는** 특약사항의 등기를 신청한 경우
분리	• 전유부분과 대지사용권의 **분리**처분 금지에 위반한 등기를 신청한 경우 • 저당권을 피담보채권과 **분리**하여 양도하는 등기를 신청한 경우
촉탁 ⇨ 신청	• 관공서 · 법원의 **촉탁**으로 실행되어야 할 등기를 **신청**한 경우 <채권자 甲이 乙소유 부동산에 가압류(가처분 · 경매)등기를 신청한 경우>
보존 ⇨ 보존	• 이미 **보존등기**된 부동산에 대하여 다시 **보존등기**를 신청한 경우

☑ **능력 없는 권리 (판례 및 예규)**

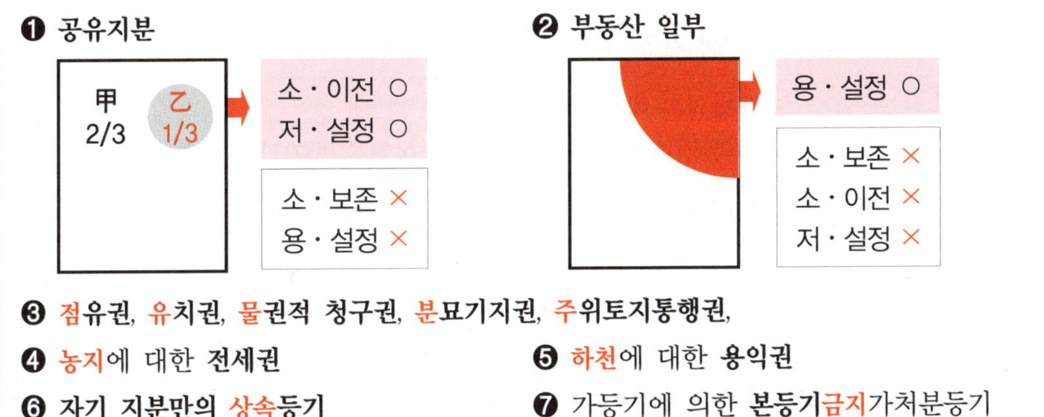

❸ **점**유권, **유**치권, **물**권적 청구권, **분**묘기지권, **주**위토지통행권,

❹ **농지**에 대한 전세권　　　　❺ **하천**에 대한 **용익권**

❻ 자기 지분만의 **상속**등기　　❼ 가등기에 의한 **본등기금지**가처분등기

~ 등기할 수 없다.　/　~ 직권말소하여야 한다.

보충 학습 기출연습

❶ 위조된 인감증명에 의해 이루어진 소유권이전등기는 직권으로 말소하여야 한다. (×)

❷ 위조한 개명허가서에 따른 등기명의인표시변경등기는 직권으로 말소하여야 한다. (×)

❸ 소유권외 권리가 등기된 일반건물에 대한 멸실등기는 직권으로 말소하여야 한다. (×)

❹ 형사재판에서 원인무효임이 판명된 소유권보존등기는 직권으로 말소하여야 한다. (×)

❺ 청산절차를 거치지 아니하여 첨부정보를 제공하지 아니한 채 담보가등기에 기초하여
　이루어진 본등기는 직권으로 말소하여야 한다. (×)

처분제한등기(가압류·가처분·경매)

01 효 력

가압류(가처분)등기가 마쳐진 부동산에 대해서도 소유권이전과 같은 처분행위를 할 수 있다.

02 주등기와 부기등기

구분	주등기에 의하는 경우	부기등기에 의하는 경우
처분제한등기	**소유권**의 **처분제한등기** (가압류 · 가처분 · 경매등기)	**소유권외의 권리**의 **처분제한등기** (가압류 · 가처분 · 경매등기)

03 등기의 실행방식

경 매	실 행	경매개시결정등기는 집행법원이 등기소에 **촉탁**하여야 한다.
	말 소	집행법원은 매수인이 매각대금을 다 낸 경우에는 매각에 따라 소멸한 권리와 경매개시결정등기의 말소등기를 등기관에게 **촉탁**하여야 한다.
가압류	실 행	가압류등기는 가압류집행법원이 **촉탁**한다.
	말 소	부동산이 제3자에게 매각된 경우 집행법원은 그 소유권이전등기를 **촉탁**하여야 한다. 이 경우 가압류말소등기도 함께 **촉탁**하여야 한다.
가처분	실 행	가처분등기는 집행법원이 등기소에 **촉탁**하여야 한다.
	말 소	승소한 가처분권자가 소유권이전등기를 **단독신청**하는 경우, 가처분등기 이후에 마쳐진 제3자 명의로 된 등기의 말소등기도 동시에 **단독신청**하여야 한다. 한편, 해당 가처분등기는 등기관이 **직권말소**하여야 한다.

04 공유지분과 합유지분에 대한 처분제한등기

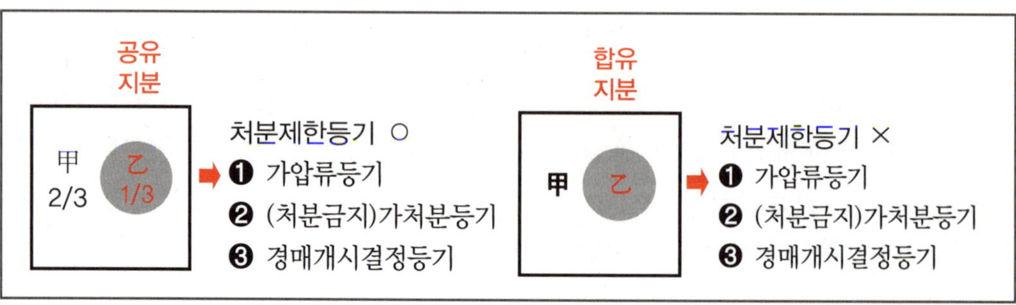

01. 등기관이 등기신청을 각하해야 하는 경우를 모두 고른 것은?　　　　제30회

> ㉠ 일부지분에 대한 소유권보존등기를 신청한 경우
> ㉡ 농지를 전세권의 목적으로 하는 등기를 신청한 경우
> ㉢ 법원의 촉탁으로 실행되어야 할 등기를 신청한 경우
> ㉣ 공동상속인 중 일부가 자신의 상속지분만에 대한 상속등기를 신청한 경우
> ㉤ 저당권을 피담보채권과 분리하여 다른 채권의 담보로 하는 등기를 신청한 경우

① ㉠, ㉡, ㉤　　　　② ㉠, ㉢, ㉣　　　　③ ㉠, ㉢, ㉣, ㉤
④ ㉡, ㉢, ㉣, ㉤　　　　⑤ ㉠, ㉡, ㉢, ㉣, ㉤

02. 등기가 가능한 것은?　　　　제24회

① 甲소유 농지에 대하여 乙이 전세권설정등기를 신청한 경우
② 甲과 乙이 공유한 건물에 대하여 甲지분만의 소유권보존등기를 신청한 경우
③ 공동상속인 甲과 乙 중 甲이 자신의 상속지분만에 대한 상속등기를 신청한 경우
④ 가압류결정에 의하여 가압류채권자 甲이 乙소유 토지에 대하여 가압류등기를 신청한 경우
⑤ 가등기가처분명령에 의하여 가등기권리자 甲이 乙소유 건물에 대하여 가등기신청을 한 경우

03. 등기신청의 각하 사유가 아닌 것은?　　　　제26회

① 공동의 가등기권자 중 일부의 가등기권자가 자기의 지분만에 관하여 본등기를 신청한 경우
② 구분건물의 전유부분과 대지사용권의 분리처분 금지에 위반한 등기를 신청한 경우
③ 저당권을 피담보채권과 분리하여 양도하거나, 피담보채권과 분리하여 다른 채권의 담보로 하는 등기를 신청한 경우
④ 이미 보존등기된 부동산에 대하여 다시 보존등기를 신청한 경우
⑤ 법령에 근거가 없는 특약사항의 등기를 신청한 경우

Answer　**01.** ⑤　**02.** ⑤　**03.** ①

대지권에 관한 등기

등기의 종류	대 상	내 용			실행사유
대지권의 등기	건물 등기	• **1동건물의 표제부**(소재 · 지번 · 지목 · 면적) • **전유부분의 표제부**(대지권의 종류 · 비율)			신청
대지권이라는 뜻의 등기	토지 등기	해당구	갑구	소유권이 대지권이라는 뜻	직권
			을구	지상권, 전세권 등이 대지권이라는 뜻	
별도 등기가 있다는 뜻의 등기	건물 등기	• **전유부분의 표제부**(별도 등기 있음)			직권
토지표시의 변경등기		• **1동건물의 표제부**(소재 · 지번 · 지목 · 면적)			직권
분필 · 합필등기		• **1동건물의 표제부**(소재 · 지번 · 지목 · 면적) • **전유부분의 표제부**(대지권의 종류 · 비율)			직권

보충 학습 조문연습

❶ **1동건물의 표제부**에 대지권의 목적인 **토지의 표시(소재 · 지번 · 지목 · 면적)**에 관한 사항을 기록하고 **전유부분의 표제부**에는 **대지권의 표시(종류 · 비율)**에 관한 사항을 기록하여야 한다.

❷ 등기관은 대지권의 목적인 토지의 등기기록 중 **해당구**에 **대지권이라는 뜻의 등기**를 **직권**으로 기록하여야 한다.

❸ 토지등기기록에 소유권보존등기 또는 소유권이전등기 외의 등기(별도등기)가 있을 때에는 등기관은 그 건물의 등기기록 중 **전유부분 표제부**에 **별도등기가 있다는 뜻의 등기**를 **직권**으로 기록하여야 한다.

❹ 등기관이 구분건물의 대지권의 목적인 **토지 표시**에 **변경등기**를 마쳤을 때에는 **1동 건물의 표제부**에 **변경등기**를 **직권**으로 하여야 한다.

❺ **등기관**이 구분건물의 대지권의 목적인 토지의 등기기록에 **분필, 합필등기**를 마쳤을 때에는 **1동의 건물의 표제부**와 **전유부분의 표제부**에 **변경등기**를 **직권**으로 하여야 한다.

제37회 공인중개사 시험대비 **전면개정**

2026 박문각 공인중개사
박윤모 부동산공시법령 심화익힘장

초판인쇄 | 2026. 4. 15. **초판발행** | 2026. 4. 20. **편저** | 박윤모 편저
발행인 | 박 용 **발행처** | (주)박문각출판 **등록** | 2015년 4월 29일 제2019-000137호
주소 | 06654 서울시 서초구 효령로 283 서경빌딩 4층 **팩스** | (02)584-2927
전화 | 교재 주문 (02)6466-7202, 동영상문의 (02)6466-7201

판 권
본 사
소 유

정가 10,000원
ISBN 979-11-7649-038-2